Elogios a otros títulos de la serie «Grandes preguntas»

«Chris Morphew es como Tim Keller para los adolescentes. En la serie *Grandes preguntas*, aborda algunas de las cuestiones más difíciles de la actualidad con las Escrituras, la sabiduría y claridad, y con la cantidad justa de diversión, a fin de mantener a los jóvenes deseosos de seguir leyendo. Estoy impaciente por poner estos libros en manos de mis tres hijos».

CHAMP THORNTON, pastor; autor, *El libro radical para los niños* y *El amor de Dios*

«Chris se pasa el día rodeado de jóvenes, y se nota; sus escritos son amenos, bíblicos y llenos de historias».

ED DREW, director de Faith in Kids

«Nuestras preguntas más importantes preparan nuestro corazón para escuchar las respuestas más grandiosas de Dios. Adquiere los libros de "Grandes preguntas" de Chris Morphew y encuentra respuestas clave del evangelio a las preguntas sinceras de tu hijo sobre Dios y su plan».

BÁRBARA REAOCH, ex directora de la división infantil de Bible Study Fellowship; autora, *La Navidad de Jesús* y *A Jesus Easter*

«*¿Por qué Dios permite que sucedan cosas malas?* aborda el difícil tema de la bondad de Dios en un mundo de gran sufrimiento, y lo hace de una manera atractiva y fácil de leer. Sí, es para jóvenes, pero se lo recomiendo a personas de todas las edades. ¡Y te recomiendo este extraordinario libro a ti!»

JONI EARECKSON TADA,
(ICD) de Joni y Amigos

¿Quién soy yo y por qué importo? toma una de las verdades fundamentales de las Escrituras y la explica de una manera que los estudiantes de secundaria (y sus padres) puedan entenderla. No puedo esperar a poner esto en manos de mis hijos, y también animarlos a que lo pongan en manos de sus amigos incrédulos».

JOHN PERRIT, director de recursos, Reformed Youth Ministries; autor, *Insecure: Fighting Our Lesser Fears with a Greater One*; presentador, pódcast Local Youth Worker; padre de cinco hijos

«Chris es el maestro que desearías tener. Entiende de dónde vienes y se toma tus preguntas, y a ti, en serio».

DRA. NATASHA MOORE, investigadora, Centro para el cristianismo público

«Qué serie tan excelente... ¡realmente excelente! Estoy segura de que el estilo ameno, las explicaciones claras, las ilustraciones pertinentes y las ideas personales de Chris Morphew atraerán, informarán y equiparán a los preadolescentes mientras resuelven algunas de las grandes preguntas que se plantearán ellos y sus compañeros».

TAMAR POLLARD, directora del ministerio de familias, Iglesia Anglicana de Wahroonga, Sídney, Australia

«Leer un libro de Chris Morphew es como sentarse con un amigo, con una Biblia abierta entre ustedes, haciendo todas las preguntas difíciles que están en tu corazón y obteniendo respuestas sólidas, directas y sinceras que se alinean con la Palabra de Dios, respuestas que te llevan a la luz, la esperanza y la verdad de Jesús. ¡Me encantan los amigos así!».

COLIN BUCHANAN, cantautor

¿CÓMO PUEDO SENTIRME más cerca DE DIOS?

¿CÓMO PUEDO SENTIRME más Cerca DE DIOS?

CHRIS MORPHEW

Publicado por
Unilit
Medley, FL 33166

Primera edición 2025

© 2023 por *Chris Morphew*
Título del original en inglés:
How Can I Feel Closer to God?
Publicado por *The Good Book Company*

Traducción: *Nancy Pineda*
Ilustraciones inspiradas por *Emma Randall*

Reservados todos los derechos. Ninguna porción ni parte de esta obra se puede reproducir, ni guardar en un sistema de almacenamiento de información, ni transmitir en ninguna forma por ningún medio (electrónico, mecánico, de fotocopias, grabación, etc.) sin el permiso previo de los editores.

A menos que se indique lo contrario, el texto bíblico se tomó de la Santa Biblia, Nueva Versión Internacional ® NVI®
Propiedad literaria © 1999 por Bíblica, Inc.™
Usado con permiso. Reservados todos los derechos mundialmente.
El texto bíblico indicado con «NTV» ha sido tomado de la *Santa Biblia*, Nueva Traducción Viviente, © Tyndale House Foundation 2008, 2009, 2010. Usado con permiso de Tyndale House Publishers, Inc., 351 Executive Dr., Carol Stream, IL 60188, Estados Unidos de América. Todos los derechos reservados.

Las citas bíblicas señaladas con DHH se tomaron de *Dios Habla Hoy*®, tercera edición. © Sociedades Bíblicas Unidas 1966, 1970, 1979, 1983, 1994. Dios habla hoy® es una marca registrada de Sociedades Bíblicas Unidas y puede ser usada solo bajo licencia.

Producto: 491484

ISBN: 0-7899-2821-3 / 978-0-7899-2821-4

Categoría: *Vida cristiana / Jóvenes*
Category: *Christian Living / Youth*

Impreso en Colombia
Printed in Colombia

Dedicado a Josiah y Mim

Contenido

1. Si Dios es real, ¿por qué no se siente real?... 11
2. ¿Qué tengo que hacer para acercarme a Dios?. 19
3. ¿Por qué todo se siente tan difícil, aburrido y sin sentido? 27
4. ¿Cómo puedo empezar?............................... 35
5. ¿Cómo (y por qué) debo orar? 43
6. ¿Cómo (y por qué) debo leer la Biblia?......... 55
7. ¿Cómo (y por qué) debo hacer todo esto con otras personas? 65
8. ¿Cuánto tiempo tengo para dedicarle a todo esto? 73
9. ¿Cómo me doy cuenta de lo que Dios quiere que haga? 79
10. Algo más grande que nuestros sentimientos.. 89

Referencias 97

Agradecimientos 99

Guía de estudio 101

Capítulo 1

SI DIOS ES REAL, ¿POR QUÉ NO se siente REAL?

Acababa de sonar la campana y el resto de mi clase de Estudios Cristianos estaba ocupado recogiendo sus cosas, cuando una de mis alumnas, de unos siete años, me encontró al frente del salón y me dijo:

—Señor Morphew, tengo un problema.

—¿Qué pasa? —le pregunté, agachándome a la altura de sus ojos.

—El problema es que sé que Jesús es real *aquí*... —dijo dándose un golpecito en el costado de la cabeza; luego, bajó la mano y se dio unas palmaditas en el pecho—, pero todavía no sé si es real *aquí*.

Esta niña llevaba años aprendiendo sobre Jesús en la escuela. Era inteligente y reflexiva, y tenía mucha información. Ahora, en cambio, estaba descubriendo algo que, antes que ella, han aprendido millones de otras personas sobre Dios:

Creer que Él te ama es una cosa.

Sentir de veras ese amor es otra.

La Biblia hace grandes promesas sobre la amistad que Dios nos ofrece cuando ponemos nuestra confianza en Jesús.

Jesús dice que vino para guiarnos a la mejor vida posible: una vida en abundancia (Juan 10:10).

Dice que, si estamos cansados y agobiados, solo tenemos que acudir a Él y Él nos dará descanso y paz, incluso en medio del caos de la vida (Mateo 11:28; Juan 14:27; Filipenses 4:6-7).

Si necesitamos sabiduría para alguna situación, la Biblia dice que solo confiemos en Dios y se la pidamos, y Él nos la dará (Santiago 1:5).

Se nos dice que Jesús vino para llevar a sus amigos a una transformación total de la vida: un cambio tan grande y poderoso como la transformación de una oruga en mariposa (Romanos 8:29; Gálatas 4:19). La Biblia dice que cuando ponemos nuestra confianza en Jesús, su Espíritu viene a vivir en nosotros, llenándonos cada vez más de su amor, alegría, paz, paciencia, amabilidad, bondad, fidelidad, humildad y dominio propio (Gálatas 5:22-23).

Lo cual parece muy bueno y todo eso.

Sin embargo, ¿es *verdad*?

Quiero decir, ¿es eso lo que estás experimentando en tu vida ahora mismo? ¿Una transformación completa, de oruga a mariposa? ¿O todo esto parece un montón de ideas bonitas que no dan resultado en la vida real?

Oras, pero parece que no pasa nada.

Abres la Biblia, pero todo te parece confuso e irrelevante.

Vas a la iglesia y te cuesta mantenerte despierto.

Mientras tanto, miras a tus amigos que no siguen a Jesús y parece que les va bien sin Él.

¿Sientes que te falta algo? ¿Como si hubieras fallado de alguna manera? ¿O como si Dios te hubiera fallado?

Todas esas promesas pueden *parecer* muy buenas, pero si no se cumplen en la vida real, ¿qué sentido tienen?

Si Dios es real, ¿por qué no se *siente* real?

Si Dios quiere estar cerca de nosotros, ¿por qué a menudo nos parece que está tan lejos?

Imagina que llega un nuevo alumno a tu escuela. Lo ves al otro lado del aula y piensas: *Tal vez me haga amigo de esa persona*.

En cambio, como es obvio, todavía no. Quiero decir, no quieres apresurarte. Primero debes averiguar cuál es su trato. Así que todavía no hablas con él. Solo observas desde la distancia.

Lo ves inclinarse para hablar con alguien, pero está demasiado lejos para que puedas escucharlo. Te acercas sigilosamente detrás de ellos, tratando de escuchar, pero lo lamentable es que el maestro te ve fuera de tu asiento y te envía de vuelta a tu trabajo.

En el almuerzo, ves al nuevo alumno sentado a comer con otros compañeros de tu curso. Te invitan a comer con ellos, pero los saludas con la mano. Al fin y al cabo, todavía estás terminando tu investigación. Esperas a que estén de espaldas y te escabulles entre los arbustos detrás de ellos. Levantas los binoculares, enfocas al nuevo chico y sacas un cuaderno para anotar tus observaciones: color del pelo, color de los ojos, estatura, preferencias alimenticias, técnica de masticación...

Es increíble lo que puedes aprender cuando estudias a alguien con suficiente atención.

Más tarde, tienes clase de nuevo con el chico nuevo. Responde una pregunta del maestro y, en realidad, es una respuesta bastante buena. Casi demasiado buena, ¿sabes? ¿A quién intenta impresionar? Pasas la página del cuaderno, escribes las palabras SABE DEMASIADO y las subrayas.

Al final del día, tu cuaderno se está llenando, pero todavía sientes que apenas has arañado la superficie, así que cuando llegas a casa, haces lo obvio:

Lo sigues en internet.

Encuentras sus redes sociales, pero lo lamentable es que están configuradas como privadas. Lo cual es sospechoso, ¿verdad? Quiero decir, ¿qué tiene que ocultar este chico?

Al día siguiente, en la escuela, se lo dices a un amigo. Te mira raro y te dice: «Bueno, ¿por qué no lo agregas y ves si te acepta?».

Pones los ojos en blanco. «¡Sí, claro! ¿Y si es una especie de tipo raro?».

Avanzamos con rapidez unas semanas más. Tienes un montón de notas geniales sobre el chico nuevo. ¡Todas esas horas que pasaste vigilando su casillero dieron sus frutos en realidad! Y, aun así, de alguna manera...

No puedes entenderlo del todo. Sin embargo, por alguna razón, no sientes que lo conozcas mejor que el primer día.

¿Qué hay de malo en esta imagen?

Bueno, es obvio que muchas cosas. En cambio, lo que quiero decir es que saber *acerca* de alguien y *conocerlo* de verdad son dos cosas muy distintas.

Esconderse entre los arbustos con los binoculares puede darte todo tipo de *información* sobre una persona, pero es poco probable que eso te lleve a algún tipo de *relación* real, pues hay una enorme diferencia entre ser amigo de alguien y ser su acosador.

Y la razón por la que menciono esto es porque creo que es muy fácil para nosotros terminar tratando a Dios de esta manera sin siquiera darnos cuenta de que lo estamos haciendo. Es posible dedicar todo tipo de tiempo y energía aprendiendo *sobre* Dios sin llegar nunca al punto en el que sentimos que lo *conocemos* a Él.

Por supuesto, es muy importante que tengamos las cosas claras sobre Dios. (Y si te interesa, hay otro libro en esta serie llamado *¿Cómo sabemos que el cristianismo es de* *veras cierto?*, que describe la sólida evidencia histórica de que Jesús es quien dice la Biblia que es en realidad).

Sin embargo, eso es solo una parte de la cuestión.

Como sucede con cualquier otra persona, la manera de conocer de verdad a Jesús no es manteniéndose a distancia, solo aprendiendo sobre Él. Es entablando una amistad.

Mi madre cuenta una historia sobre cómo todo esto por fin empezó a tener sentido para ella.

Mi madre creció aprendiendo sobre Jesús; tenía la cabeza llena de datos sobre Él. A pesar de eso, todavía había algo que la frenaba. ¿Podía confiar de veras en que todo era cierto? ¿Podía dedicar toda su vida a esto *en realidad*?

Cuando le preguntó a su madre, mi abuela, sobre esto, la abuela le dio lo que resultó ser un consejo excelente en gran medida: «¿Por qué no vives como si fuera verdad por un tiempo y ves qué pasa?».

En otras palabras, ¿por qué no haces un experimento?

En lugar de solo aprender sobre las promesas de Jesús, intenta pasar algún tiempo viviendo como si esas promesas fueran verdaderas.

En lugar de recopilar más información sobre Jesús, intenta pasar algún tiempo entablando una amistad con Jesús.

Y eso fue justo lo que hizo mi madre.

Hizo el experimento y nunca miró atrás.

Porque cuanto más vivía como si las promesas de Jesús fueran verdaderas, más descubría que lo *eran* en realidad. Cuanto más perseguía una relación *con* Jesús, en lugar de limitarse a recopilar más información *sobre* Él, más experimentaba la verdad del amor de Jesús, no solo como una idea, sino como una realidad viva y palpitante en su vida.

Años más tarde, mi madre me transmitió este mismo consejo, y años después de eso, yo se lo transmití a esa niña de mi clase que estaba tratando de trasladar sus conocimientos sobre Jesús de la cabeza al corazón. Ha marcado una gran diferencia en mi vida, y estoy convencido de que puede hacer lo mismo por ti.

De acuerdo. En cambio, ¿cómo lo *hacemos* en realidad?

¿Cómo vivimos como si las promesas de Jesús fueran ciertas?

¿Cómo dejamos los binoculares, salimos de los arbustos y empezamos a construir una amistad real con Jesús?

Bueno, de eso trata el resto de este libro.

Capítulo 2

¿QUÉ TENGO QUE HACER PARA ACERCARME A DIOS?

Quiero que este libro sea muy práctico.

A medida que avancemos, te sugeriré todo tipo de cosas que puedes *hacer* para conocer mejor a Dios y sentirte más unido a él. Espero que estas sugerencias sean útiles en realidad, ¡incluso que te cambien la vida! Sin embargo, antes de entrar en materia, debemos tener algo muy claro:

Con nada de esto nos *hacemos* amigos de Dios.

Las sugerencias de este libro no son pasos que debas dar para agradar a Dios. No se trata ni por un segundo de ganarse el amor, la aceptación o la aprobación de Dios.

Debido a que la amistad con Dios no es una recompensa que hay que ganarse.

Es un regalo que hay que recibir.

Cuando abres la Biblia, una de las primeras cosas que descubres es que la amistad con Dios no solo es un pequeño y agradable complemento para tu vida. Es para lo que nos *crearon* a los seres humanos.

Dios creó a las personas para que vivieran en perfecta amistad con Él y entre sí; nos creó para que viviéramos una vida de alegría, paz y libertad sin fin, gobernando y cuidando el buen mundo de Dios, con Dios como nuestro Rey amoroso (Génesis 1:26-28; 2:9).

Lo cual parece: a) fantástico, y b) casi nada parecido a nuestra vida actual.

Es decir, que seguimos experimentando momentos pasajeros de alegría, paz y libertad, pero *también* padecemos enfermedades, sufrimiento, injusticia y muerte. Y en medio de todo eso, Dios a menudo se siente distante y difícil de alcanzar.

Sin embargo, según la Biblia, eso no se debe a que Dios renunciara a la amistad.

Es porque lo hicimos nosotros.

Verás, otra cosa que la Biblia nos dice sobre nuestra amistad con Dios es que todos la hemos arruinado por completo.

En lugar de amar a Dios y a los demás como deberíamos, dejamos de lado a Dios y tratamos de vivir como mejor nos parece. Vemos la evidencia de esto en el mal grande y obvio, como la guerra y el asesinato, pero también en miles de ejemplos cotidianos, como cuando fingimos no darnos cuenta de que alguien necesita nuestra ayuda o encubrimos la verdad para evitar meternos en problemas.

Todos rechazamos, a pequeña y gran escala, el amoroso gobierno de Dios y, en el proceso, sembramos el caos y la destrucción en nuestro mundo, en los demás y en nuestros propios corazones y almas.

Y ahora que hemos abandonado la amistad con Dios, no podemos arreglarnos y fingir que todo está bien. El daño ya está hecho. La relación está rota, y nadie puede culpar a Dios por permitir que siga así. De un modo u otro, lo que ocurra después está en sus manos. Para que las cosas vuelvan a estar bien, necesitamos que *Dios* las arregle.

Necesitamos que Él nos perdone, que nos rescate.

Gracias a Dios, esto es exactamente de lo que se trata las buenas nuevas de Jesús.

En Jesús, Dios mismo vino a rescatarnos.

Durante su estancia en la Tierra, Jesús mostró cómo es para un ser humano vivir en perfecta amistad con Dios y con otras personas. Vivió la vida perfecta de amor que el resto de nosotros no hemos podido vivir.

Y luego Jesús entregó esa vida por nosotros.

Con su muerte, Jesús experimentó todas las consecuencias que merecemos por haberle dado la espalda a Dios. En lugar de abandonarnos como nosotros le abandonamos a Él, Jesús murió para ofrecernos el perdón, para abrirnos el camino de la amistad, no como una recompensa que hay que ganar, sino como un regalo gratuito de Dios, pagado por el sacrificio de Jesús en la cruz.

La Biblia lo expresa de esta manera:

> *Dios los salvó por su gracia cuando creyeron. Ustedes no tienen ningún mérito en eso; es un regalo de Dios. La salvación no es un premio por las cosas buenas que hayamos hecho, así que ninguno de nosotros puede jactarse de ser salvo. (Efesios 2:8-9, NTV)*

No necesitamos hacer ni una sola cosa para *ganarnos* el amor y la aceptación de Dios, porque Jesús ya hizo todo lo necesario para darnos la bienvenida a su hogar y hacernos amigos de Dios. Todo lo que nos queda por hacer es volvernos a Dios y creer en las buenas noticias (Marcos 1:15).

Sin embargo, la historia no termina ahí, pues Jesús no se quedó muerto. Volvió a la vida y sigue vivo hoy, gobernando el universo desde el cielo y preparándose para el día en que regresará para hacer de este mundo nuestro hogar perfecto de nuevo.

Ese día, Dios y su pueblo estarán unidos a la perfección en la amistad eterna para la que nos crearon y Dios nunca volverá a sentirse distante ni difícil de alcanzar (Apocalipsis 21:1-5), ¡lo cual es una noticia asombrosa!

Por lo tanto, lo que es cierto y asombroso por igual es que no tenemos que esperar hasta entonces.

Por supuesto que nuestra experiencia de Dios será mucho más clara y completa cuando Jesús regrese. Así que, mientras tanto, Jesús nos invita a una amistad profunda y transformadora con Él, aquí y ahora, *hoy*.

Si has pasado mucho tiempo leyendo la Biblia, es posible que sepas que Jesús tenía un grupo de discípulos que lo seguían durante su estancia en la Tierra y que, justo antes de regresar al cielo, les dijo a esos discípulos que fueran por todo el mundo e hicieran más discípulos (Mateo 28:19-20).

Ser *discípulo* es una de las principales formas en las que Jesús describió la relación que quiere que tengamos con Él (Mateo 16:24), pero fuera de la Biblia, no es una palabra que usemos muy a menudo.

Entonces, ¿qué significa con exactitud?

Bueno, algunas personas describen ser discípulo como ser un *seguidor* de Jesús, lo cual no es una mala descripción. Después de todo, Jesús *invitó* a sus primeros discípulos a que vinieran y lo siguieran (Mateo 4:19). Sin embargo, no estoy seguro de que eso nos lleve muy lejos, ¿pues cómo se supone que debemos «seguir» a alguien que actualmente está en otra dimensión, más allá de nuestro universo físico?

Mientras tanto, para la mayoría de nosotros, el lugar en el que más hablamos sobre *seguir* a otras personas es en las redes sociales. Y aunque sigo a un montón de famosos en línea, no es precisamente una experiencia que me cambie la vida. (Además, estoy bastante seguro de que ni siquiera se dan cuenta de que lo hago).

Otras personas dicen que ser discípulo de Jesús es como ser su *alumno*, lo que creo que se acerca más a lo que Jesús quiso decir. Aun así, supongo que la idea de que «seguir a Jesús = más escuela» no te llena necesariamente de entusiasmo. Además, para la mayoría de nosotros, es probable que la palabra *alumno* todavía nos haga pensar en aprender *sobre* Jesús, en lugar de *conocerlo* en realidad.

Felizmente, creo que hay una mejor manera de entender esta idea.

El escritor Dallas Willard sugiere que cuando escuchamos la palabra *discípulo*, deberíamos pensar en *aprendiz*, no en un alumno que se queda dormido en el fondo de un aula, sino en alguien que ha encontrado lo que más quiere hacer en la vida y que está recibiendo formación práctica para aprender a hacerlo.

Piénsalo de esta manera: ¿quién es la persona que más admiras en todo el mundo, la persona que te hace decir: «¡Deseo tener su vida y aprender a ser como ella, a hacer lo que hace!»?

Ahora, imagina que esa persona te llama y se ofrece a ayudarte a hacer realidad tu sueño.

Imagina al medallista de oro olímpico que se ofrece a ser tu entrenador personal para que puedas ir a competir en las Olimpiadas.

Imagina que un cantante, actor o músico de fama mundial te ofrece clases particulares para que aprendas a cantar, actuar o tocar como ellos.

Eso es aprendizaje.

Esto es lo que Jesús quiere hacer por ti, no solo por tu carrera, sino por toda tu vida.

Jesús no solo quiere salvarte del desastre en el que has convertido tu amistad con Dios; quiere salvarte para que lleves un estilo de vida nuevo por completo, en el que aprendas a confiar en que su estilo es de veras la mejor manera de vivir, y a vivirlo cada vez mejor (Mateo 7:24-27; Juan 13:17).

Una vez más, no es así como ganamos nuestra amistad con Dios.

La pregunta no es: «¿Cuánto tienes que hacer para que Dios te ame y te acepte?», sino: «¿Cuánto espacio quieres abrir en tu vida para experimentar el amor de Dios de primera mano?».

Cuando pones tu confianza en Jesús, Él quiere guiarte hacia la mejor vida posible.

Y cuanto más reformes tu vida en torno a la vida y las enseñanzas de Jesús, más experimentarás su amor, su alegría, su paz y su libertad, no solo como ideas agradables, sino como tu experiencia real del día a día (Juan 10:10; Juan 15:5; Mateo 11:28-30).

Todo esto parece muy bueno en teoría.

Entonces, ¿por qué no siempre parece así en la vida real?

Capítulo 3

¿POR QUÉ TODO se siente TAN DIFÍCIL, ABURRIDO Y SIN SENTIDO?

Esto es lo que hemos descubierto hasta ahora. Jesús te invita a una amistad profunda, real y transformadora con Dios; una amistad que no consiste en *ganarse* nada, pues Jesús ya se lo ganó *por* ti.

Sin embargo, al igual que con cualquier otra relación, si quieres *sentirte* más cerca de Dios, la mejor manera de hacerlo es desde dentro de la amistad, no desde fuera.

En otras palabras, cuanto más tiempo y atención le dediques a Jesús, más cerca de Él te sentirás y más de su transformación de vida experimentarás.

De acuerdo. Entonces, ¿cómo lo *hacemos* en realidad?

Pues seamos sinceros: las cosas que la gente te dice que tienen el propósito de ayudarte a acercarte más a Dios (cosas como orar, leer la Biblia, ir a la iglesia) pueden parecer bastante aburridas la mayor parte del tiempo, ¿verdad?

Si Jesús quiere llevarnos a la mejor vida posible, ¿por qué estas cosas a menudo nos parecen tan difíciles?

Mi amigo Justin es corredor.

Una de sus actividades favoritas para hacer los sábados es levantarse muy temprano, salir al frío y *correr* cinco kilómetros. Por diversión.

Algo que a mí me resulta difícil de entender, pues cada vez que salgo a correr, no es nada divertido. Es doloroso, sudoroso y agotador.

La misma actividad. Dos experiencias diferentes por completo.

¿Por qué?

Bueno, en parte es porque Justin y yo tenemos personalidades muy diferentes. Sobre todo, en cambio, es porque Justin corre varias veces a la semana y yo corro una vez cada siete años.

Justin ha convertido la carrera en una parte habitual de su vida y, como resultado, correr se ha convertido en algo natural, normal e incluso divertido para él, de una manera que *no lo es* para mí.

No solo eso, sino que ha desbloqueado todo tipo de beneficios que me estoy perdiendo: mejor forma física, mejor sueño, huesos más fuertes, mejor capacidad para combatir enfermedades...

Desearía tener todo eso. Desearía poder correr como Justin.

Y la verdad es que no hay nada que me lo impida.

Si me levantara un par de mañanas a la semana y saliera a correr, si no lo dejara, en poco tiempo superaría la parte sudorosa y dolorosa, y llegaría hasta la parte en la que me siento bien en realidad.

El problema es que, como tengo tan poca práctica, cuando suena el despertador por la mañana, es mucho más fácil darme la vuelta en la cama.

Y lo mismo es cierto para los hábitos que nos ayudan a sentirnos más cerca de Dios: si estamos fuera de práctica, al principio pueden parecer incómodos y poco naturales (y, a decir verdad, un poco inútiles), lo que significa que es muy fácil abandonarlos antes de llegar a lo bueno.

Y lo lamentable es que empezar es solo una parte de nuestra lucha.

Mi amigo Chris Coffee es un guitarrista increíble. Cada vez que veo a Chris tocar la guitarra, me entran ganas de aprender a tocar.

Y lo mejor es que Chris se ha ofrecido varias veces a *enseñarme*. Incluso, hace unos años me compré una guitarra muy bonita.

Entonces, ¿por qué esa guitarra está debajo de mi cama, acumulando polvo?

Bueno, si me preguntaran por qué no he aprendido a tocar la guitarra todavía, es probable que mi respuesta fuera: «Solo es que no he tenido tiempo».

Lo cual *parece* cierto.

Sin embargo, en realidad, no creo que lo sea.

Verás, hace poco hice un descubrimiento vergonzoso. Resulta que mi Nintendo Switch tiene una función que registra cuántas horas he pasado jugando a cada juego que tengo y digamos que, incluso si hubiera pasado *algunas* de esas horas tomando una guitarra en lugar de un mando, es probable que ya fuera un músico bastante bueno.

Lo mismo ocurre con las horas que he pasado navegando por el teléfono, o mirando la televisión o participando en otras actividades a las que me he comprometido.

No es que ninguna de esas otras cosas sea *mala* con exactitud.

Aun así, por mucho que quiera decirme que «no tengo tiempo» para aprender a tocar la guitarra, un vistazo a la aplicación «tiempo de pantalla» en mi teléfono me dice que eso no es cierto.

Sí tengo tiempo.

Solo que lo dedico a otras cosas.

Y esta es la misma lucha que enfrentamos cuando se trata de invertir en nuestra amistad con Dios: incluso si nos gusta la *idea* de hacer tiempo para orar, leer la Biblia o lo que sea, es muy fácil sentir que no podemos encajarlo en nuestro horario.

En cambio, la verdad es que todos sacamos tiempo para lo que más valoramos.

Así que la verdadera pregunta no es: «¿Estás ocupado?», pues todos llenamos nuestro tiempo con *algo*.

La verdadera pregunta es: «¿Con *qué* estás ocupado?».

Entonces, de acuerdo, digamos que te convences de que vale la pena hacer estas cosas, y digamos que incluso encuentras tiempo en tu día para convertirlas en una prioridad.

Incluso así, tenemos otro desafío: la distracción.

Me siento. Abro mi Biblia. Empiezo a leer.

Mi teléfono vibra a mi lado. Lo reviso, leo el mensaje y envío una respuesta rápida. Luego, sin siquiera quererlo, paso a Instagram. Alguien me etiquetó en un video. Lo veo, dejo un comentario y me desplazo un poco.

Unos minutos después, recuerdo lo que se supone que debo hacer. Dejo el teléfono y vuelvo a mirar la Biblia. Sin embargo, ahora mi mente empieza a divagar. Me doy cuenta de que leí un párrafo entero sin siquiera saber lo que dice.

Intento leerlo de nuevo, pero ahora estoy pensando en algo que tengo que decirle a alguien cuando llegue a la escuela, lo que me lleva a pensar en lo que quiero pedir para el almuerzo de hoy, y antes de que me dé cuenta, es hora de levantarme y salir por la puerta.

Cuando se trata de reducir la velocidad lo suficiente para guardar silencio, estar en quietud y centrarse en

Dios, el desafío no solo es que nuestras *vidas* están ocupadas, sino que nuestras *mentes* lo están también.

Siempre hay miles de otras cosas que compiten por nuestra atención.

Lo que quiero decir es lo siguiente: si no te resulta fácil sentirte cerca de Dios, es importante que te des cuenta de que es algo *normal por completo*.

Casi todos estamos ocupados, distraídos y faltos de práctica, y el problema detrás de todos los demás problemas es que, como dije en el capítulo anterior, vivimos en un mundo bueno que se ha vuelto malo.

Un día, Jesús regresará para hacer pedazos esos obstáculos de una vez por todas, pero mientras tanto, no te sorprendas si te parece una lucha. Eso no es señal de que estés haciendo algo mal.

Así que una de las cosas más importantes que podemos hacer como aprendices de Jesús es seguir luchando contra esa voz mentirosa que nos dice que todo es demasiado difícil, que no vale la pena o que Dios no nos ama en realidad, pues cuanto más practiquemos vivir nuestra vida como Jesús vivió la *suya*, más natural y transformador será para nosotros.

A medida que sigas viviendo como aprendiz de Jesús, a medida que sigas poniendo tu confianza en Él, puedes estar seguro de que Él te está guiando y transformando, momento a momento, día a día, poco a poco, en la persona que Dios te creó para que seas.

Y a pesar de lo difícil, aburrido e inútil que pueda parecerte *ahora*, si perseveras, te prometo que vale la pena.

De acuerdo. Entonces, ¿cómo empezamos?

Capítulo 4

¿CÓMO PUEDO EMPEZAR?

En el primer libro de la Biblia hay una asombrosa historia real en la que Dios se le aparece en sueños a un hombre llamado Jacob.

En su sueño, Jacob ve una escalera que se extiende desde la Tierra hasta el cielo, con ángeles que suben y bajan por ella, y entonces Dios le habla a Jacob con una voz que él puede *escuchar en realidad*.

Dios promete bendecir y cuidar por Jacob dondequiera que vaya. Dice que bendecirá *al mundo entero* a través de la familia de Jacob.

Y luego Jacob se despierta.

Comprende de inmediato que no se trata de un sueño cualquiera. Su cerebro dormido no inventó esta visión. El Dios del universo acaba de hablarle directamente.

Ahora bien, mi punto aquí no es que debas esperar que Dios comience a aparecer con regularidad en tus sueños.

(Aunque tampoco me sorprendería que lo hiciera; Dios puede hablarte como quiera).

Lo que más quiero mostrarte es la reacción de Jacob:

Al despertar Jacob de su sueño, pensó: «Sin duda, el SEÑOR está en este lugar y yo no me había dado cuenta». (Génesis 28:16)

Fíjate, Jacob no se despertó y pensó: *¡Vaya! Dios se apareció por un momento allí, pero ahora se fue de nuevo.*

En lugar de eso, se dio cuenta de la verdad: que Dios estuvo allí con Jacob *todo el tiempo*; solo que Jacob no se había dado cuenta.

Y creo que aquí hay una lección importante para nosotros, en especial para los que ya vivimos como aprendices de Jesús. Una de las promesas más alucinantes de la Biblia es que, cuando pones tu confianza en Jesús, el Espíritu Santo de Dios viene a hacer su hogar dentro de ti (Hechos 2:38-39).

El Espíritu de Dios es Dios mismo, que vive con cada seguidor de Jesús, ayudándonos a conocer y amar a Dios, y a vivir a su manera. Lo que significa que lo que fue cierto para Jacob en ese entonces es cierto por igual en cada momento de cada día para cada uno de los aprendices de Jesús, sin importar dónde nos encontremos:

El Señor está en este lugar.

No tenemos que hacer nada para que Dios aparezca. Él ya está aquí. La pregunta es: ¿Somos conscientes de esto?

Entonces, ¿cómo nos damos cuenta de esto?

Bueno, como ya dije, creo que dos de nuestras mayores luchas aquí son el ajetreo y la distracción. Si queremos sentirnos más cerca de Dios, tenemos que aprender a ir más despacio lo suficiente como para prestarle atención.

¿Cómo? Bueno, fíjate en estas palabras de la biografía de Jesús escrita por Marcos:

> *Muy de madrugada, cuando todavía estaba oscuro, Jesús se levantó, salió de la casa y se fue a un lugar solitario donde se puso a orar. (Marcos 1:35)*

Más tarde, cuando los amigos de Jesús estaban tan ocupados y rodeados de multitudes que ni siquiera tenían tiempo para comer, Jesús les dijo:

> *—Vengan conmigo ustedes solos a un lugar tranquilo y descansen un poco. (Marcos 6:31)*

Y luego, en la biografía de Jesús escrita por Lucas, leemos:

> *[Jesús] solía retirarse a lugares solitarios para orar. (Lucas 5:16)*

Un lugar solitario. Un lugar tranquilo. Lugares solitarios. Estas son tres descripciones diferentes de la misma idea: una y otra vez, a lo largo de toda su vida en la Tierra, Jesús sacó tiempo a propósito para escapar del ruido y el ajetreo de la vida, a fin de estar tranquilo y en silencio, y pasar tiempo con Dios su Padre.

Si queremos sentirnos más cerca de Dios, aquí es donde debemos comenzar. Tenemos que hacer un hueco en nuestro día para dejar todo lo que estamos haciendo, apartar todas nuestras distracciones y solo estar en silencio.

Lo cual parece bastante sencillo.

Entonces, te propongo un pequeño experimento:

Deja este libro ahora mismo. Quítate todo de las manos. Cierra los ojos. Y mira cuánto tiempo puedes estar tranquilo y en silencio antes de que te vuelvas loco.

¿Cómo te fue?

Si te pareces a mí, supongo que no tardaste mucho en distraerte o en buscar algo para romper el aburrimiento.

La quietud y el silencio reales y deliberados son muy *poco naturales* para nosotros. En cambio, si queremos sentirnos más cerca de Dios, aquí es donde empieza todo.

Luchamos contra el ajetreo aprendiendo a reducir de manera deliberada el ritmo.

Luchamos contra la distracción aprendiendo a centrarnos de manera deliberada en Dios.

Nos acercamos más a Dios creando de manera deliberada un espacio en nuestras ocupadas vidas (y ocupadas mentes), a fin de practicar algunos hábitos regulares, copiados de la vida de Jesús: hábitos diseñados para ayudarnos a prestarle atención, para ayudarnos a darnos cuenta de que «el SEÑOR está en este lugar, y yo no me había dado cuenta».

Como es obvio, esto va a requerir práctica. Y, como con cualquier hábito nuevo, es importante empezar donde estás, no donde crees que *deberías* estar.

Quizá algún día pueda levantarme por la mañana y correr cinco kilómetros, o tomar una guitarra y tocar lo que quiera, pero si intento empezar por ahí, me voy a frustrar y decepcionar.

Si quiero progresar de verdad, lo mejor es empezar con una rutina sencilla y regular, y seguir a partir de ahí. Y lo mismo es cierto cuando se trata de los hábitos y prácticas que te van a ayudar a sentirte más unido a Dios.

Me encanta la versión del escritor Pete Greig de este consejo:

«Hazlo sencillo. Sé realista. Sigue así».

Vamos a dedicar el resto del libro averiguando cómo hacer esto, pero si quieres un lugar por donde empezar, aquí tienes mi sugerencia.

Consigue un cuaderno y un bolígrafo, y elige diez minutos al comienzo de tu día. (Hago esto por la mañana cuando me levanto, sentándome tranquilo en una silla junto a la ventana, mientras desayuno).

Primero, siéntate ahí por un minuto. Relájate. Mantente lo más calmado y quieto que puedas. Es probable que te sientas muy raro al principio, pero déjate llevar.

En segundo lugar, haz una oración corta y sencilla, invitando a Dios a entrar en tu día. Tal vez algo como esto:

> *Querido Dios:*
> *Gracias por este nuevo día.*
> *Gracias porque me creaste y porque me amas.*
> *Gracias por estar siempre conmigo.*
> *Por favor, ayúdame a ser consciente de ti hoy.*
> *En el nombre de Jesús,*
> *Amén.*

En tercer lugar, abre tu cuaderno y escribe algunas cosas por las que estás agradecido. Cuanto más específicas, mejor. Aquí tienes algunos ejemplos de mi cuaderno de esta semana:

- Gracias por las vacaciones escolares.
- Gracias por la pizza y los juegos de mesa con mis amigos.
- Gracias por poder pasar el rato con mis sobrinos ayer.

Después, vuelve a leer lo que escribiste y dedica un momento para darle gracias a Dios por cada cosa de la lista. Este tipo de gratitud es una excelente manera de enfocar tu mente en las formas en que Dios ya se ha manifestado en tu vida para amarte y cuidarte.

Quietud. Oración. Gratitud.

Sencillo, ¿verdad?

Entonces, si sigues haciéndolo, si repites esta misma rutina diaria durante una semana, un mes, un año, tarde o temprano mirarás atrás y te sorprenderás de la diferencia que ha marcado.

Capítulo 5

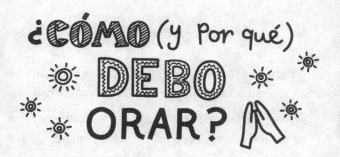

¿CÓMO (y por qué) DEBO ORAR?

Cuando la gente habla de que Dios parece distante, una de las cosas que suelen mencionar es la oración.

Hablas con Dios, pero es como hablar contigo mismo. Le pides algo y Él no te lo da. Oras para que algo *no* suceda, pero sucede de todos modos.

Entonces, ¿para qué molestarse en orar si no parece *hacer* nada en realidad?

Bueno, supongo que eso depende de para qué creas que sirve la oración.

No me malinterpretes, a Dios le *encanta* responder a nuestras oraciones, y de una forma u otra, ¡siempre lo hace! Sin embargo, creo que el primer paso para *disfrutar* de verdad de la oración es darse cuenta de que se trata de mucho más que solo conseguir que Dios haga lo que queremos.

Para mostrarte lo que quiero decir, dale un vistazo a la oración que Jesús les enseñó a sus primeros aprendices:

Padre nuestro que estás en el cielo, santificado sea tu nombre. Venga tu reino. Hágase tu voluntad en la tierra como en el cielo. Danos hoy nuestro pan cotidiano. Perdónanos nuestras ofensas, como también nosotros hemos perdonado a nuestros ofensores. Y no nos dejes caer en tentación, sino líbranos del maligno. (Mateo 6:9b-13)

En primer lugar, una pregunta: ¿A quién es esta oración? ¿A quién va dirigida?

A Dios, como es obvio.

En cambio, la oración no comienza con *Querido Dios…*

Empieza con «Padre nuestro», y esto es muy importante.

La palabra «Dios» significa todo tipo de cosas para todo tipo de personas, pero aquí Jesús nos invita a acercarnos a Dios con la seguridad y la cercanía de un niño que habla con su papá.

Por otra parte, hay muchos tipos diferentes de padres, y no todos son geniales. Entonces, si Dios es nuestro Padre en el cielo, ¿qué clase de padre es?

Para responder a esta pregunta, solo tenemos que abrir la Biblia y mirar a Jesús, pues Jesús dice que quien lo ha visto a Él *ha* visto al Padre (Juan 14:9).

Cuando ves a Jesús dándoles la bienvenida a las personas que los demás dejan de lado, *así es* nuestro Padre celestial.

Cuando ves a Jesús apoyándose con paciencia en sus discípulos, por mucho que se equivoquen y tengan que volver a Él para tener otra oportunidad, *así es* nuestro Padre celestial.

Cuando ves a Jesús colgado en una cruz, entregando su vida para pagar por todos los desastres que hemos hecho con la nuestra, clamando perdón por la gente que lo tortura hasta la muerte, *así es* nuestro Padre celestial.

Y cuanto más nos demos cuenta de todo esto, más se transformará nuestra experiencia de la oración.

Por un lado, reconocer a Dios como tu Padre amoroso significa que no necesitas estresarte por decir las palabras adecuadas.

La oración no es un discurso. Es una conversación con alguien que te ama, que te entiende incluso mejor de lo que tú te entiendes a ti mismo, y que sabe lo que quieres decir y lo que necesitas, aun cuando no puedes encontrar las palabras (Romanos 8:26). Así que solo di lo que tengas en mente, y recuerda que Dios lo entiende y que se preocupa por ti.

Y como Dios es tu Padre amoroso, no hay nada que «no te esté permitido» decirle.

Mira esta oración del rey David:

Dios mío, Dios mío, ¿por qué me has abandonado? ¿Por qué estás tan lejos cuando gimo por ayuda? Cada día clamo a ti, mi Dios, pero no respondes; cada noche levanto mi voz, pero no encuentro alivio. (Salmo 22:1-2, NTV)

No es que se esté conteniendo, ¿verdad? Está derramando todo su corazón ante Dios, diciendo con exactitud cómo se siente, que es la forma en que Dios nos invita a acercarnos a Él también.

Dios ya sabe todo lo que piensas y sientes; ¡más vale que seas sincero con Él! Y cuanto más aprendas a hablar de tus pensamientos y sentimientos más profundos con Dios, más descubrirás que puedes confiar en Él para que te ayude a superar cualquier cosa que la vida te depare.

Volvamos a la oración de Jesús.

Lo siguiente que leemos es «santificado sea tu nombre».

La idea básica aquí es reconocer la grandeza y el amor de Dios, y tratarlo como se merece. Jesús quiere que oremos para que aprendamos a amar a Dios cada vez más, y para que las personas que nos rodean y que aún no lo conocen lleguen a amarlo y honrarlo también.

Lo que nos lleva a «venga tu reino. Hágase tu voluntad en la tierra como en el cielo».

Jesús invita a sus aprendices a esperar con entusiasmo el día en que traerá su reino a la Tierra, cuando vuelva para hacer de este mundo nuestro hogar perfecto de nuevo.

Mientras tanto, podemos pedir la ayuda de Dios para vivir como personas que ya pertenecen a ese reino futuro, aquí y ahora, hoy: personas transformadas por el amor de Dios, de modo que lo amemos a Él y amemos a los demás.

La siguiente parte de la oración trata de pedirle a Dios lo que necesitamos, pero quiero que te fijes en esto: Jesús no nos dice que oremos: «*Dame* hoy *mi* pan de cada día».

Dice: «*Danos* hoy *nuestro* pan cotidiano». Vemos este mismo lenguaje en toda la oración: «Padre nuestro [...]. *Perdónanos* [...]. Y no *nos* dejes caer [...], sino *líbranos*».

Al parecer, la oración no solo es acerca de *mí*. Es acerca de *nosotros*.

Por lo tanto, el primer nivel aquí se trata de pedirle a Dios que te dé *tu* «pan cotidiano». Y no solo se trata de comida: pídele lo que necesites y dale gracias cuando te lo dé.

El siguiente nivel es orar por otros: pedirle a Dios que ayude a las personas que te rodean.

Sin embargo, creo que hay otro nivel, incluso más profundo, en todo esto. Recuerda que Dios nos creó para unirnos a Él en el gobierno y cuidado de su mundo, por lo que no debería sorprendernos que una de las principales formas en que Dios elige ayudar a las personas sea a través de *otras* personas.

Lo que significa que *tus* oraciones son también una oportunidad para sintonizarte con las formas en que Dios podría invitarte a convertirte en su respuesta a las oraciones *de otra persona*.

Así que pregúntate: ¿quién a tu alrededor *no* tiene su «pan cotidiano»? ¿Quién *no* tiene todo lo que necesita? ¿Y cómo puede estar Dios invitándote a ayudar?

¿Cómo puedes usar las cosas con las que Dios *te* ha bendecido para ser una bendición para otros?

La oración es también nuestra oportunidad de pedirle a Dios que nos perdone «nuestras ofensas» y que «no nos dejes caer en la tentación»: de admitir cuando le hemos hecho algo malo a Él o a otras personas, de pedirle perdón y de pedirle que nos mantenga alejados de todo lo que pueda tentarnos a tomar de nuevo esas mismas decisiones destructivas.

Sin embargo, repito, no se trata solo de «*perdóname*»; se trata de «*perdónanos* [...] como también nosotros hemos perdonado a nuestros ofensores».

Si pones tu confianza en Jesús, Dios te ofrece perdón ilimitado, una y otra vez, sin importar cuántas veces lo necesites, pues Jesús ya pagó por *todo* en la cruz. Aun así, el hecho de que Dios nos perdone debe ir acompañado de que nosotros perdonemos a otras personas. Recibir el perdón de Dios significa aprender, con la ayuda del Espíritu de Dios, a ofrecer a las personas que nos rodean el mismo perdón ilimitado que Jesús nos ofrece.

Entonces, ¿cómo tomamos todo eso y lo llevamos a nuestra vida cotidiana?

Bueno, esto es lo que hago yo.

Primero, como dije antes, intento empezar cada día con unos momentos de oración en silencio. Antes de cualquier otra cosa, antes de revisar mi teléfono o preocuparme por lo que debo hacer ese día, me tomo un momento para estar en silencio y en calma, a fin de recordar que Dios está ahí conmigo, esperando con paciencia, a que vuelva a centrar mi atención en Él.

Doy gracias a Dios por el nuevo día.

Oro por mis amigos y mi familia, y por cualquier otra persona que Dios me traiga a la mente.

Le pido a Dios que me ayude y me guíe a través de lo que me espera en ese día.

Y le pido que me siga recordando su presencia conmigo a lo largo del día, que me ayude a darme cuenta de todas las formas en que me bendice y me cuida, y de todas las oportunidades que me da para mostrarles su amor a las personas que me rodean.

Lo que me lleva a la segunda forma en que intento hacer de la oración una parte habitual de mi vida.

Hay una parte de la Biblia que siempre me confundía:

Estén siempre alegres, oren sin cesar, den gracias a Dios en toda situación, porque esta es su voluntad para ustedes en Cristo Jesús. (1 Tesalonicenses 5:16-18)

Pues, ¿qué significa *orar* sin cesar? Sin duda, Dios no puede querer que oremos *todo* el tiempo. ¿Qué pasa con todas las demás cosas que tenemos que hacer?

Entonces, después comencé a darme cuenta de que Dios no nos invita a orar en lugar de vivir el resto de nuestras vidas. Nos invita a orar mientras vivimos el resto de nuestras vidas.

El Hermano Lorenzo, un aprendiz de Jesús que vivió hace cuatrocientos años, le llamó a esto «la práctica de la presencia de Dios»: adquirir cada vez más el hábito de recordarnos a nosotros mismos la presencia de Dios y su amor. Es tan sencillo como esto: a medida que transcurre el día, cada vez que pienses en ello, solo recuerda que Dios está contigo.

Cuando recibas algo, dale gracias a Dios por esto.

Cuando te des cuenta de que cometiste un error, dile a Dios que lo sientes.

Cuando converses con alguien, ora por él.

No tiene por qué ser una oración larga y complicada, solo un sencillo *gracias, lo siento* o *por favor, ayúdame* en tu mente. Solo uno o dos segundos.

Sin embargo, he descubierto que cuanto más practico la presencia de Dios, más cerca me siento de Él, y más de su amor, alegría y paz experimento.

Mi tercer hábito diario de oración se produce al final del día, mientras estoy acostado en la cama. Repaso el día y me hago algunas preguntas.

En primer lugar, ¿qué salió bien? ¿Por qué tengo que estar agradecido? Me tomo un momento para dar gracias a Dios por esas cosas.

En segundo lugar, ¿qué *no* salió bien? ¿Por qué tengo que pedir perdón y alejarme? Me tomo un momento para admitir esas cosas ante Dios y pedirle perdón, sabiendo que Él está listo y esperando para perdonarme.

Y, en tercer lugar, ¿cómo me siento al final del día? Trato de ser lo más sincero posible y orar a Dios para expresar esos sentimientos.

No te preocupes por seguir estos pasos al pie de la letra. ¡Ni siquiera te preocupes si te quedas dormido a mitad de camino!

La cuestión es empezar y terminar el día con Dios, y procesarlo todo *con* Él, de la misma manera que lo harías si estuvieras hablando de todo con un amigo.

Una última sugerencia: ¿recuerdas el cuaderno de gratitud del que hablé en el capítulo anterior? Considera ampliarlo y convertirlo en un diario de oración.

Al comienzo del día (o cuando te resulte más fácil), además de escribir por qué estás agradecido, escribe lo que quieres pedirle a Dios, o por lo que quieres pedirle perdón, o cualquier otra cosa que sientas.

En parte, esto te ayudará a centrar tu atención en lo que sea por lo que estés orando.

Entonces, como dije antes también, aunque la oración es *mucho más* que solo conseguir que Dios haga lo que tú quieres, a Dios le *encanta* responder nuestras oraciones, y escribir algunas de esas oraciones te brinda una excelente manera de mirar atrás, dentro de un mes o incluso de un año, y darte cuenta de cuántas veces Dios las *respondió* en realidad, incluso si no fue justo de la manera en que esperabas.

Capítulo 6

¿CÓMO (y por qué) DEBO LEER LA BIBLIA?

Hace unos años, tomé un autobús desde Jerusalén, en Israel, hasta un mirador con una impresionante vista panorámica del desierto de Judea: colinas secas y marrones que se extendían en todas direcciones, salpicadas de rocas y pequeños arbustos ralos. Al ponerse el sol, todo parecía muy bonito (en el sentido de un desierto sin vida). Aun así, me sentí agradecido en gran medida de estar allí en el frescor de la tarde en lugar del calor del día.

Sin embargo, lo que más me impresionó fue lo siguiente: si hubiera estado en ese mismo mirador hace unos dos mil años, es muy probable que hubiera visto a Jesús en algún lugar, luchando contra un antiguo enemigo de Dios.

Este enemigo, a menudo llamado diablo o Satanás, se acercó a Jesús en el desierto y trató de desviarlo del plan de Dios de venir a nuestro rescate (Mateo 4:1-11).

El enemigo no utilizó la violencia física; sabía que no era rival para el poder de Dios. En su lugar, utilizó la misma estrategia que ha estado usando desde el principio: inventar mentiras y engaños diseñados para poner en duda la bondad de Dios.

¿Y cómo luchó Jesús contra las mentiras del enemigo?

De la misma manera que debemos hacerlo nosotros: con la verdad.

Cuando el enemigo sugirió que Jesús no podía confiar en que su Padre celestial lo cuidaría, que en vez de eso debería usar su poder para convertir algunas piedras en pan, Jesús respondió con una cita de la Biblia hebrea: «La gente no vive solo de pan, sino que vivimos de cada palabra que sale de la boca del SEÑOR» (Deuteronomio 8:3, NTV).

Cuando el enemigo desafió a Jesús a *probar* el amor y el cuidado de Dios por Él, Jesús tenía las palabras de Dios en la punta de la lengua: «No pondrás a prueba al SEÑOR tu Dios» (Deuteronomio 6:16, NTV).

Cuando el enemigo dijo que le daría a Jesús un poder ilimitado si tan solo se inclinaba ante él, Jesús supo con exactitud cómo responder: «Adoren al Señor su Dios y sírvanle solo a él» (Deuteronomio 6:13, DHH).

Jesús se opuso a las mentiras del enemigo con la verdad de la Palabra de Dios, hasta que por fin el enemigo se rindió y lo dejó en paz.

Este patrón se observa a lo largo de toda la vida de Jesús: estaba tan familiarizado con las palabras de las Escrituras que, sin importar en qué situación se encontrara, siempre tenía la perfecta sabiduría de Dios para guiar lo que decía y hacía. Conocía de manera tan profunda la verdad de la fidelidad y el amor de Dios que podía afrontar cualquier situación que la vida le pusiera por delante.

¿Cómo era tan bueno en esto?

Bueno, es obvio que era fácil para Él, podrías pensar. *Jesús era Dios, aquí en la Tierra*.

Aun así, recuerda que Jesús también era humano por completo, lo que significa que no solo recibió las Escrituras descargadas en su cerebro al nacer. Llegó a conocer la Biblia de la misma manera que cualquier otra persona: leyéndola y escuchándola una y otra vez.

Lo que significa que este tipo de sabiduría y confianza que nos permite estar preparados para todo no es un superpoder mágico que Jesús se reserva para sí mismo.

Es algo a lo que *tú* puedes acceder exactamente igual que Él.

Dios es ilimitado por completo en la forma en que les habla a las personas. Es más, de un modo u otro, Dios *nunca* deja de hablarnos. Constantemente nos muestra su poder, gloria y bondad a través del universo que creó (Salmo 19:1-4; Romanos 1:20; Hechos 14:17).

A lo largo de la historia, Dios también le ha hablado a su pueblo a través de profecías: mensajes dados por su Espíritu a una persona, a fin de enseñar y animar a otros (Hebreos 1:1; 1 Corintios 14:31). También se les ha aparecido a las personas en sueños y en visiones (Joel 2:28). En una ocasión, incluso se comunicó a través de una burra que habló (Números 22:21-41).

Sin embargo, sea como sea que Dios decida hablarnos, nunca dirá nada que contradiga lo que ya dijo en la Biblia.

La Biblia es el lugar donde encontramos la verdad inmutable de Dios para todos, en todas partes, en todas las generaciones, y es donde nos encontramos con Jesús, quien nos da la imagen más clara y fácil de entender de quién es Dios (Hebreos 1:2-3). Cada vez que pensamos que Dios nos está hablando de alguna *otra* manera, tenemos que comparar ese mensaje con lo que está en la Biblia y asegurarnos de que coincida.

Como aprendices de Jesús, conocer la Biblia de principio a fin es una de las formas más importantes y valiosas en que podemos acercarnos a Dios. En cambio, no solo se trata de llenarnos la cabeza con un montón de datos interesantes *sobre* Dios. Se trata también de escuchar *de* Dios, de crecer en la sabiduría que necesitamos para seguirle en nuestra vida diaria (2 Timoteo 3:16-17).

Verás, la Biblia no solo es una colección de gran sabiduría útil para la vida; no solo es un registro de todas las veces que Dios les habló a *esas personas en aquel entonces*.

La Biblia es la Palabra de Dios para *ti*, aquí y ahora, hoy, y puedes confiar en que Él te hablará a través de ella cada vez que la tomes y la leas.

Sin embargo, quizá ya lo hayas intentado.

Tal vez has intentado leer la Biblia por ti mismo, o te hayas sentado allí mientras otras personas trataban de explicártela, y hayas terminado sintiéndote aburrido o confundido, o ambas cosas a la vez.

Si ese es tu caso, lo entiendo muy bien. La Biblia es un libro desafiante. En cambio, si perseveras, te prometo que vale la pena el esfuerzo. Y para la mayoría de nosotros, creo que lo primero que debemos hacer cuando se trata de la Biblia es ajustar nuestras expectativas.

Lo que quiero decir es que si tomas la Biblia, lees una o dos páginas y te quedas con la sensación de que no la has entendido del todo, eso es normal por completo, pues la Biblia no es el tipo de libro que se supone que debas tomar, leer una vez y decir: «¡Genial! ¡Ahora lo entiendo!».

La Biblia contiene la *profunda* sabiduría de Dios, que Él quiere revelarte a lo largo de *toda una vida* de lectura. Siempre hay más que descubrir, más que aprender, más que entender.

Esto puede parecer un poco abrumador, hasta que recuerdas que tu objetivo principal aquí no es convertirte en un experto en un *libro*, sino conocer a una *persona*. Es crecer en tu amistad con Jesús.

¿Y cómo se llega a conocer a un amigo?

De día en día.

Cuando comienzas a entablar amistad con alguien, no sabes mucho de él, pero es de esperar que la reacción no sea: «¡Uf! ¡Qué lata! ¿Para qué molestarse?».

¿Cómo puedo sentirme más cerca de Dios?

Una de las *mejores partes* de la amistad es conocer a alguien cada vez mejor a medida que pasas tiempo con él. Y lo mismo ocurre con nuestra amistad con Dios.

Ninguno de nosotros entenderá a Dios con total claridad hasta que Jesús regrese y lo veamos cara a cara (1 Corintios 13:12), pero mientras tanto, si sigues a Jesús y sigues consultando la Biblia, puedes confiar en que el Espíritu de Dios estará obrando en tu corazón y en tu mente, ayudándote a conocerlo cada vez mejor (Juan 14:26; 1 Corintios 2:9-16).

De nuevo, es útil tener una rutina regular, así que si estás buscando por dónde empezar, esto es lo que te sugiero.

En lugar de solo abrir tu Biblia al azar, elige *un* libro y léelo hasta el final, un poco cada día. (Si eres nuevo en la Biblia, te sugeriría el Evangelio de Marcos, que es una biografía de Jesús escrita por un amigo de los primeros discípulos de Jesús).

Cada día, antes de empezar a leer, dedica un momento para orar. Recuerda que Dios está allí contigo mientras lees, y pídele que te muestre lo que quiere que entiendas de Él.

Después, abre tu Biblia y lee un poco (o si leer es un reto para ti, puedes probar a *escuchar* la Biblia; hay muchas versiones de audio estupendas).

No te apresures. Tómatelo con calma. Lee el mismo fragmento un par de veces.

Cuando algo te llame la atención, anótalo en tu diario de oración. Después, tómate un tiempo para pensar y orar sobre esa idea: ¿Qué te llamó la atención de esta parte de la Biblia? ¿Qué crees que te está diciendo Dios? ¿Cómo podría invitarte a responder a lo que te está mostrando? ¿Qué preguntas tienes?

Por ejemplo, hay un versículo que me llamó la atención al leer el Evangelio de Mateo esta mañana:

> *Jesús recorría todos los pueblos y aldeas enseñando en las sinagogas, anunciando las buenas noticias del reino, y sanando toda enfermedad y toda dolencia. (Mateo 9:35)*

He leído esta parte de la Biblia un montón de veces, pero lo que de veras me llamó la atención esta vez fue una idea muy sencilla: Jesús no se quedó sentado esperando a que la gente viniera a él, sino que fue a su *encuentro*, por «todos los pueblos y aldeas», buscando a la gente, enseñando, sanando y predicando las buenas nuevas del reino de Dios.

Mientras escribía ese versículo en mi diario, volví a recordar que *así* es el amor de Dios. Él no está escondido en algún lugar, esperando a que lo encontremos. En Jesús, Dios ha venido a nosotros. Se ha *convertido* en uno de nosotros, para salvarnos y rescatarnos, para salvarme y rescatarme a *mí*.

Me tomé un momento para darle gracias a Dios por este recordatorio de su amor por mí. Le pedí ayuda para seguir recordando ese amor a lo largo del día, y para aprovechar al máximo las oportunidades que me diera para hablarles de ese amor a las personas que me rodeaban.

Como de costumbre, por fuera todo parecía muy poco impresionante. No había luces brillantes ni voces atronadoras desde el cielo. Sin embargo, allí mismo, en mi silla junto a la ventana, mientras desayunaba, el Dios del universo me dio la bienvenida a un paso más en mi amistad con Él.

Un último paso que te sugeriría mientras profundizas en la Biblia es hablar de lo que has estado leyendo y aprendiendo con otros seguidores de Jesús. Esto hará un montón de cosas realmente valiosas:

Si Dios te ha mostrado algo en la Biblia que te ha ayudado o animado, lo más probable es que también ayude y anime a las personas con las que lo comentes.

Si tienes preguntas sobre lo que leíste, ellos podrán ayudarte a buscar algunas respuestas.

Y si resulta que has entendido mal algo que leíste, otros seguidores de Jesús podrán ayudarte a volver al buen camino.

Recuerda: acercarnos más a Dios es algo que siempre hemos querido hacer *juntos*.

Lo que nos lleva a nuestro siguiente hábito importante: si quieres sentirte más cerca de Dios, la mejor manera de hacerlo es en comunidad con otros seguidores de Jesús.

Capítulo 7

¿CÓMO (y por qué) DEBO HACER TODO ESTO CON OTRAS PERSONAS?

Hasta ahora, la mayoría de las formas de conectarnos con Dios que hemos estado explorando han sido cosas que puedes hacer por ti mismo, pero eso es solo una parte de la perspectiva. La verdad es que nunca estuvimos destinados a seguir a Jesús por nuestra cuenta.

Desde el principio, Dios creó a los seres humanos para que trabajaran *juntos*, a fin de gobernar y cuidar el universo que creó (Génesis 1:26-28; 2:18-24) y, al *final* de la Biblia, aprendemos que, cuando Jesús regrese, la nueva creación estará llena de una multitud demasiado grande para contarla «de todas las naciones, tribus, pueblos y lenguas», todos juntos amando, adorando y disfrutando de Dios, por toda la eternidad (Apocalipsis 7:9-10).

De principio a fin, acercarnos más a Dios es algo que estamos destinados a hacer *juntos*.

Lo vemos en la propia vida de Jesús en la Tierra, donde reunió a un grupo de hombres y mujeres extremadamente diversos, personas tan diferentes que *nunca* habrían estado juntas si no hubieran sido seguidoras de Jesús (Marcos 3:13-19; Lucas 8:1-3).

Y después de haber vivido toda su vida junto al pueblo de Dios, Jesús quiere que nosotros hagamos lo mismo.

¿Por qué es tan importante?

Así lo expresó uno de los primeros aprendices de Jesús:

Mantengamos firme la esperanza que profesamos, porque fiel es el que hizo la promesa. Preocupémonos los unos por los otros, a fin de estimularnos al amor y a las buenas obras. No dejemos de congregarnos, como acostumbran hacer algunos, sino animémonos unos a otros, y con mayor razón ahora que vemos que aquel día se acerca. (Hebreos 10:23-25)

A veces es *difícil* seguir a Jesús. La forma en que Él nos llama a vivir es muy diferente a la de la mayoría de la gente, y hay momentos en los que parece que sería mucho más fácil olvidarnos de todo.

En momentos como estos, debemos animarnos unos a otros a seguir *manteniéndonos firmes* a la esperanza que tenemos en Jesús, a seguir viviendo como sus aprendices, a seguir aprendiendo a amar como lo hace Él.

Tenemos que seguir recordándonos unos a otros que «aquel día» se acerca, el día en que Jesús regresará para reunir el cielo y la Tierra, y darle la bienvenida a su pueblo a su hogar, a una vida eterna con Él.

Cuando empiezas a preguntarte si todo esto vale la pena, necesitas amigos que te recuerden que *definitivamente* vale la pena. Y en los momentos en que *ellos* empiecen a preguntarse si todo esto vale la pena, también necesitarán tu ayuda.

Pero hay más.

¿Recuerdas que dije que los primeros discípulos de Jesús eran muy diferentes entre sí?

Eso no fue un accidente.

Piénsalo de esta manera: tu cuerpo tiene muchas partes diferentes, pero todas están diseñadas para trabajar juntas. Un cuerpo que fuera todo pies, o todo ojos, o todo lenguas, sería completamente inútil (y un poco asqueroso), pero cuando todas las diferentes partes de tu cuerpo hacen lo que mejor saben hacer, todo prospera.

Y, según la Biblia, la iglesia (la comunidad de aprendices de Jesús que se extiende por todo el mundo) es más o menos así (1 Corintios 12:12-27).

Este patrón comenzó con los primeros seguidores de Jesús, pero no se detuvo ahí. Dos mil años después, Jesús sigue reuniendo de manera a todo tipo de personas muy diferentes para que se amen, se cuiden y se ayuden mutuamente a crecer.

Así, por ejemplo, tengo una amiga en la iglesia que es increíble tocando el piano; su música es un gran regalo para nuestra familia de la iglesia.

Otra de mis amigas de la iglesia es particularmente entusiasta en cuanto a orar por otras personas. No sé cómo explicarlo con exactitud, pero hay algo en su forma de orar que te llena por dentro. Dios parece tener una manera especial de usar sus oraciones para recordarte que, pase lo que pase, Él lo tiene todo bajo control y que vas a estar bien.

Tengo otro amigo que es excelente horneando. De vez en cuando, viene a mi casa con una hornada de galletas de chocolate fenomenales, solo para animarme o agradecerme por algo.

Luego está mi amiga que es muy buena para encontrar a la persona solitaria que necesita a alguien con quien hablar. Dios le ha dado este don asombroso de notar a la persona que nadie más nota y darle la bienvenida al grupo.

También tengo otra amiga que es muy buena para hablar con sinceridad sobre sus propias luchas de una manera que hace que la gente se sienta menos sola en *sus* luchas. La vida no es fácil para ella, pero a medida que sigue a Jesús, puedo ver cómo Dios está obrando en ella no solo para transformar *su* vida, sino también la vida de otras personas.

Todos estos amigos son regalos maravillosos y generosos de Dios, y cuando nos reunimos como pueblo de Dios, juntamos todos esos regalos y todos nos beneficiamos.

Nos bendecimos y animamos los unos a los otros. Nos llenamos los unos a los otros. Nos acercamos más unos a otros y también nos acercamos más a Dios.

Y, por cierto, ninguna de las personas que acabo de mencionar son *adultos* de mi iglesia. Todos son adolescentes del grupo de jóvenes que ayudo a dirigir cada semana. Claro que los adultos también tienen mucho que aportar; pero mi punto es que, quienquiera que seas, joven o viejo, o lo nuevo que seas en seguir a Jesús, Dios te creó con tus propios dones únicos para compartir con su pueblo. (Y si aún no estás seguro de cuáles son los tuyos, reunirte de forma regular con el pueblo de Dios es una *excelente* manera de comenzar a descubrirlo).

Si quieres sentirte más cerca de Dios, *necesitas* mantenerte conectado con su pueblo.

La forma más obvia de hacerlo es uniéndote a una iglesia, pero dependiendo de tu edad y tu situación, también podrías considerar unirte a un grupo de jóvenes de la iglesia, o a un grupo de estudio bíblico a mitad de semana, o al grupo cristiano de tu escuela si tienes uno, ¡o a todos los anteriores!

Sea cual sea la forma en que elijas hacerlo, el objetivo no es asistir a tantas *actividades* como puedas (por muy útiles que puedan ser). Es encontrar una comunidad de *personas* que te ayuden a acercarte más a Jesús.

Si resulta que tienes mucho en común con esas personas, ¡genial! Sin embargo, incluso si no es así, incluso si eres el único de tu edad o si a nadie más le interesan las mismas cosas que a ti, sigue adelante, pues lo que *sí* tienes en común es Jesús, y eso es mucho más importante que cualquier otra cosa.

Entonces, sea cual sea la forma en que te reúnas con otros aprendices de Jesús en tu situación, este es mi consejo número uno para sacarle el máximo partido:

Hazlo con todas tus fuerzas.

No te quedes sentado *mirando* lo que sucede. Participa en todo lo que puedas. Canta con los que cantan. Ora con los que oran. Cuando alguien se levante para leer la Biblia, abre tu Biblia y sigue la lectura. Cuanto más participes, más provecho obtendrás.

¿Todavía no estás seguro de creer en esto? ¡Ora de todos modos! ¿Qué es lo peor que podría pasar?

¿Eres un cantante terrible? ¡Yo también! Canta alto y fuerte de todos modos. Créeme: a nadie le importará. Además, no estás haciendo una audición para un coro: estás *cantando* para Dios, ¡y Él cree que cantas genial!

(Nota al margen: Me gustaría tener espacio en este libro para un capítulo entero sobre el increíble poder de la música para ayudarnos a sentirnos más cerca de Dios, pero la versión corta es que la música tiene esta manera única de hacer que la verdad sobre Dios penetre de manera más profunda en nuestros corazones y mentes. No hay nada como cantar alabanzas a Dios *con* otras personas, ¡pero no te detengas allí! Búscate una lista de reproducción de buena música llena de la verdad sobre Dios, conviértela en parte de lo que escuchas a diario).

Puede que vayas a una iglesia con miles de personas, una plataforma llena de músicos profesionales y unas enseñanzas bíblicas de primera clase, o puede que vayas a una iglesia con cuatro ancianas, un órgano de tubos que crujen y un ministro aburrido de verdad que solo está ahí arriba haciendo lo mejor que puede.

Sin embargo, Jesús promete que, dondequiera y cuandoquiera que su pueblo se reúna en su nombre, Él está allí con ellos, y su Espíritu está obrando para hacerlos crecer y transformarlos (Mateo 18:20; 28:20; Juan 14:26). Lo que significa que, sea cual sea la reunión del pueblo de Dios de la que formes parte, Jesús también forma parte de ella, y puedes confiar en que Él se reunirá contigo allí.

Así que busca un grupo del pueblo de Dios con el que seguir a Jesús, y hazlo con todas tus fuerzas.

Capítulo 8

¿CUÁNTO TIEMPO TENGO PARA DEDICARLE A TODO ESTO?

A medida que hemos ido explorando todos estos hábitos y prácticas que pueden ayudarte a sentirte más cerca de Dios, puede que te haya surgido otra pregunta:

¿Cuánto tiempo se supone que debe ocupar todo esto, exactamente?

Por supuesto, es difícil mantener una relación sólida sin invertir algún tipo de tiempo de calidad con esa persona; así que, ¿cuánto tiempo al día quiere Jesús que invirtamos en nuestra amistad con Él?

Imagina un gráfico circular de tu semana. Cuanto más grande sea el sector, más tiempo ocupa cada actividad. Podría parecerse al gráfico de la página siguiente:

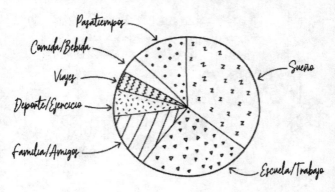

Hay partes del pastel sobre las que no tienes mucho control.

Antes de empezar, el sueño te quita al menos un tercio de tu tiempo (o al menos eso es lo que nos dicen los estudios que *deberíamos* dedicarle).

Luego está la escuela (o, a medida que te haces mayor, el trabajo), que ocupa otra porción importante.

Con suerte, tu familia y tus amigos también se llevan una buena parte.

A continuación está el tiempo que (con suerte) le dedicas a algún tipo de deporte o ejercicio, el tiempo que pasas comiendo y bebiendo, el tiempo que te toma viajar de un lugar a otro y, es de esperar que, después de todo eso todavía te quede algo de tiempo libre para cualquier otro pasatiempo o actividad que disfrutes.

Si eres como yo, a veces te sientes un poco abrumado por todo lo que tienes que hacer. Entonces, ¿dónde encaja en todo esto el hecho de ser un aprendiz de Jesús? Si este diagrama de tarta muestra una imagen de tu semana, ¿qué tan grande debería ser tu porción de *Jesús*?

¿Está Jesús de acuerdo con una pequeña porción de la tarta, tal vez algo así como el tamaño de la porción para *comer y beber*? ¿O quiere más que eso? ¿Quizá un cuarto de la tarta? ¿Un tercio?

En realidad, es incluso más que eso.

Verás, la verdad es que Jesús no solo quiere una *porción* de tu tiempo.

Él quiere la tarta entera.

Ahora bien, al principio, eso puede parecer absurdo por completo. Incluso, imposible. Quiero decir, ¿qué quiere Jesús que hagamos? ¿Que abandonemos nuestras vidas, huyamos a una cabaña en el bosque y nos quedemos despiertos todo el día y toda la noche leyendo la Biblia?

Pues no.

Es como lo que decía antes sobre la oración. Cuando Jesús dice que quiere que pasemos toda nuestra vida siguiéndolo y acercándonos a Él, eso no significa que sigamos a Jesús *en lugar* de comer, dormir, trabajar, jugar; significa que sigamos a Jesús *mientras* hacemos todas esas cosas.

Sí, ser un aprendiz de Jesús significará reservar un tiempo particular, a fin de practicar los hábitos de los que hemos estado hablando: tiempo para sentarse en silencio y centrarse en Dios, orar, leer la Biblia, reunirse con otros seguidores de Jesús.

Todas esas cosas son valiosas en gran medida; son lo que los aprendices de Jesús han estado haciendo durante miles de años.

Sin embargo, recuerda que ninguna de esas cosas es el *objetivo* de todo esto.

El objetivo de ser un aprendiz de Jesús es *llegar a ser como Jesús*. Es dejar que su amor, su alegría y su paz transformen toda nuestra vida, en cada momento. Es dejar que el Espíritu de Dios nos haga crecer hasta convertirnos en las personas que siempre debimos ser (Romanos 12:1-2).

Cambiamos nuestros hábitos para que, a través del poder del Espíritu Santo de Dios, esos hábitos nos cambien a nosotros.

Jesús quiere hacernos crecer hasta convertirnos en personas que vivan cada momento de cada día con la conciencia de su cercanía y su amor, personas que estén tan llenas del amor de Jesús que se desborde en las vidas de todos los que nos rodean.

Jesús quiere enseñarnos a vivir nuestros días dándole gracias a Dios y dándonos cuenta de todas las pequeñas señales de su bondad hacia nosotros, y estando atentos a las formas en que nos invita a unirnos a lo que está haciendo en el mundo.

Me encanta la forma en que lo expresa el pastor Jon Tyson. Habla acerca de caminar por cada habitación con la misma pregunta: *Dios, ¿dónde has estado trabajando ya para hacer crecer tu reino y mostrar tu amor, y cómo puedo sumarme a eso?*

Capítulo 9

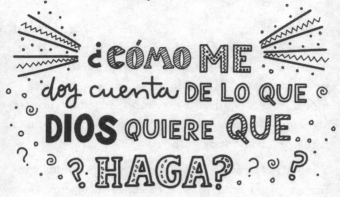

¿CÓMO ME doy cuenta DE LO QUE DIOS QUIERE QUE HAGA?

Hasta ahora, en este libro, he tratado de esbozar una serie de consejos *generales* sobre cómo seguir a Jesús: hábitos que pueden ayudar a cualquier persona, en cualquier lugar, a acercarse a Él. Sin embargo, ¿qué pasa si queremos saber qué hacer en una situación *específica*? ¿Qué pasa si tienes una gran decisión por delante y no sabes qué hacer? ¿Hay alguna manera de obtener la ayuda de Dios para *eso*?

Mi descripción favorita de ser un aprendiz de Jesús viene del pastor John Mark Comer: «Estar con Jesús.

Vuélvete como Jesús. Haz lo que Él haría si estuviera en tu lugar».

Ya hemos hablado mucho acerca de *estar con Jesús*. Lo hacemos siempre que dedicamos tiempo para orar, reflexionar sobre la Biblia, o solo sentarnos en silencio y centrarnos en Jesús. Y lo hacemos cuando practicamos la presencia de Dios, cuando volvemos nuestra atención a Jesús a lo largo del día y dejamos que nos recuerde su amor por nosotros.

Y mientras sigamos *estando con Jesús*, podemos confiar en que el Espíritu de Dios está ahí con nosotros, ayudándonos a *ser como Jesús*, transformándonos para que seamos cada vez más como Aquel a quien seguimos (Gálatas 4:19; Efesios 1:17-21; Filipenses 1:4-6).

Lo que nos lleva al tercer paso: *Haz lo que Él haría si estuviera en tu lugar*.

En otras palabras, si Jesús estuviera viviendo *tu* vida, si estuviera en tu situación, con tu familia y amigos, afrontando los retos que enfrentas hoy, ¿qué haría Él?

A veces la respuesta es obvia: si tuvieras que elegir entre perdonar a tu amigo por lo que te dijo o darle un puñetazo en la cara, está bastante claro que Jesús elegiría la primera opción.

En otras ocasiones, es mucho más difícil de averiguar.

No obstante, si quieres saber lo que Dios quiere que hagas en cualquier situación, preguntarte: *¿Qué haría Jesús si estuviera en mi lugar?* es un buen punto de partida.

Y para obtener la respuesta más clara a esa pregunta, debemos volver una y otra vez a lo que Jesús nos mostró sobre sí mismo en la Biblia.

Digamos, por ejemplo, que haces un nuevo amigo que acaba de llegar de otra ciudad. Te invitan a su fiesta de cumpleaños y dices que irás. Pero entonces, otro amigo te llama: tu banda favorita está en la ciudad y tiene una entrada de más con tu nombre. ¿El único problema? El concierto es la misma noche de la fiesta de cumpleaños.

¿Qué deberías hacer?

Bueno, ¿qué haría Jesús en tu lugar?

Para empezar, *hiciera lo que hiciera* Jesús, su máxima prioridad sería amar a Dios y amar a las demás personas (Mateo 22:37-40). No solo se limitaría a hacer lo que quisiera *Él*, sino que haría lo que fuera mejor para sus amigos (Filipenses 2:3-8).

Jesús también cumpliría su palabra (Mateo 5:37), así que algo importante a considerar aquí es que *ya* le dijiste a tu nuevo amigo que irás a su fiesta; decir que *sí* al concierto significaría romper ese compromiso.

Por encima de todo, Jesús dice: «Haz a los demás todo lo que quieras que te hagan a ti» (Mateo 7:12, NTV), lo que, en esta situación, significa preguntarse: *Si yo fuera el que se acaba de mudar a una nueva ciudad, ¿cómo esperaría que me trataran mis nuevos amigos?*

Entonces, ¿hay aquí una respuesta cien por ciento clara y obvia? No lo creo. Es complicado. La Biblia no te dice *qué* decidir en esta situación, pero sí te da mucha sabiduría sobre cómo hacerlo.

Así que esto es lo que creo que haría:

A decir verdad, lo que es probable que *quisiera* hacer es ir al concierto, pero lo que sentiría que *debería* hacer es ir a la fiesta. No obstante, antes de tomar una decisión, intentaría averiguar cuánto le importa a mi nuevo amigo que yo vaya a su fiesta.

¿Van a ir otras cincuenta personas? En ese caso, puede que faltar a la fiesta no suponga una gran diferencia después de todo. Tal vez pueda llamar a mi amigo, explicarle la situación con sinceridad y quedar con él en otro momento.

En cambio, si resulta que su fiesta es solo para él y las tres personas nuevas que ha conocido desde que se mudó aquí... entonces, no asistir es un problema mucho mayor, ¿verdad? Así que por mucho que me *gustaría* ir al concierto, tal vez lo que *yo* quiero no es lo más importante en este momento. Tal vez debería ir a la fiesta después de todo.

Como dije, es complicado. Pero cuanto más conozcamos a Jesús, más podremos imaginarnos lo que *Él* haría en nuestra situación, y eso nos llevará a tomar decisiones más sabias y amorosas.

Aun así, creo que hay otra veta en todo esto.

Recuerda, si has puesto tu confianza en Jesús, tienes al Espíritu Santo de Dios obrando en tu vida para ayudarte a seguir a Jesús, y el Espíritu de Dios puede hablarte cuando quiera, donde quiera y como Él quiera.

Así que, a medida que practicas todas las cosas de las que hemos estado hablando en este libro (cuando oras, lees la Biblia, te sientas con Dios en silencio, hablas con un amigo o escuchas un sermón en la iglesia), puedes tener la sensación de que Dios está tratando de llamar tu atención, de que hay algo específico que quiere que hagas.

Esto puede ser un pensamiento que se te viene a la cabeza mientras oras, un versículo que te llama la atención mientras lees la Biblia o una palabra sabia de un amigo que parece de alguna manera muy importante. Algo que te hace pensar: *Creo que Dios quiere que le preste atención a esto.*

Entonces, ¿cómo sabes qué hacer con *eso*?

¿Cómo diferenciar una señal de Dios de una coincidencia, o entre un pensamiento que el Espíritu de Dios trajo a tu mente y algo que se te ocurrió por tu cuenta?

Me gustaría tener una respuesta sencilla y directa para ti. En cambio, recuerda que se trata de conocer a una persona, no de descifrar un código secreto. Lo que sí *puedo* darte son algunas indicaciones importantes.

En primer lugar, como vimos antes, por mucho que Dios te hable, nunca irá en contra de lo que ya te reveló sobre sí mismo en la Biblia, así que puedes estar seguro de que cualquier pensamiento o idea que no coincida con la Biblia no vino de Dios.

En segundo lugar, Dios nunca irá en contra de su propio carácter. Dios es compasivo y misericordioso, lento para la ira y grande en amor y fidelidad (Éxodo 34:6), así que puedes estar seguro de que cualquier pensamiento o idea que no coincida con eso tampoco vino de Dios.

En tercer lugar, recuerda que Dios también nos ha dado *unos a otros* para ayudarnos a acercarnos más a Él. Así que, sea lo que sea que estés tratando de entender, háblalo con otros seguidores de Jesús que conozcas y en los que confíes, y escucha lo que tengan que decir al respecto.

Y si todo esto todavía te parece un poco vago, extraño o confuso, el pastor Timothy Keller tiene un gran consejo para nosotros. Dice que, sí, la guía de Dios es algo que Dios da, pero más a menudo es algo que Dios *hace*.

Piénsalo de esta manera. Imagínate que conduces un barco por un río en el que se bifurcan todo tipo de senderos y corrientes, en todas las direcciones posibles.

A veces Dios actúa como el navegante de tu barco, de pie junto a ti con un mapa, susurrándote instrucciones al oído, diciéndote con exactitud hacia dónde debes dirigirte.

Sin embargo, más a menudo, Dios actúa menos como un navegante y más como el propio río, guiándote a través de tu vida, tanto si te das cuenta de que lo hace como si no.

Por eso, cuando tengas que tomar una decisión, ora al respecto. Háblalo con personas de confianza. Haz todo lo posible por responder a la pregunta: *¿Qué haría Jesús si estuviera en mi lugar?*

Y, luego, sigue adelante y toma la mejor decisión que puedas.

Si resulta ser exactamente la decisión que Jesús hubiera tomado en tu lugar, ¡genial!

Y si resulta que te equivocaste, tampoco pasa nada, pues no puedes arruinar los buenos planes de Dios con tus malas decisiones.

Incluso si lo arruinas todo por completo, *Dios te seguirá guiando*, tomará todos tus éxitos y todos tus fracasos y los combinará para bien al final (Romanos 8:28; Génesis 50:20).

Ha habido muchas veces en mi vida en las que me he sentido perdido, confuso sobre qué hacer, y como si Dios estuviera lejos y distante; momentos en los que lo mejor que podía hacer era tomar una decisión y ver lo que pasaba después.

También ha habido momentos en mi vida en los que he estado *seguro* de saber lo que Dios quería que hiciera a continuación, solo para descubrir que Él tenía algo diferente por completo en mente.

¿Cómo puedo sentirme más cerca de Dios?

Sin embargo, al final, una cosa siempre ha sido cierta: tarde o temprano, he mirado atrás y me he dado cuenta de que Dios seguía sabiendo con exactitud lo que *Él* estaba haciendo, aunque yo no tuviera ni idea de lo que estaba haciendo.

Y entonces, claro, en un nivel, esto puede parecer complicado en realidad. Aun así, en otro nivel, es muy sencillo en realidad. Puesto que, al final, todo lo que de veras necesitas hacer es seguir a Jesús, tomar las mejores decisiones que sepas y luego *relajarte*, confiando en que Dios es fuerte, lo suficientemente fuerte, bondadoso y fiel como para encargarse del resto.

Capítulo 10

ALGO MÁS GRANDE QUE NUESTROS sentimientos

Habrá días en los que todo esto te parecerá muy fácil. A medida que sigas a Jesús, tendrás días en los que Dios te parecerá increíblemente real, cercano y obvio; días en los que dudar de su existencia o de su amor te parecerá la cosa más absurda del mundo.

Y luego estarán los otros días.

Los días en los que Dios parece estar muy lejos.

Los días en los que la Biblia te parece un libro viejo y muerto, y la oración es como hablar con el techo.

Los días en los que te parece que tal vez te lo estás imaginando todo.

Como hemos estado explorando en este libro, hay todo tipo de hábitos de la vida de Jesús que pueden ayudarte a tener cada vez más días buenos que días malos.

También hay un montón de cosas de sentido común sobre el estilo de vida de vida que puedes hacer.

Por ejemplo, ¿cuánto duermes?

Una cosa que me esfuerzo mucho por hacer, sin importar lo ocupada que esté mi vida, es dormir al menos ocho horas cada noche.

En parte, esto se debe a que acostarme a una hora razonable hace que sea más fácil levantarse a la mañana siguiente lo suficientemente temprano como para pasar algún tiempo con Jesús antes de ir a la escuela.

Entonces, dormir lo suficiente también me permite afrontar el día con más energía y concentración, a fin de prestarle atención a Dios y amar a las personas que me rodean.

Otro hábito de estilo de vida que sugeriría es evitar mirar el teléfono (o cualquier otra pantalla) durante la primera hora después de despertarte por la mañana, pues lo que haces a primera hora de la mañana tiene un gran impacto en el resto del día.

¿Qué crees que tiene más posibilidades de llenarte de amor, alegría y paz para el día que tienes por delante:

veinte minutos con Jesús a primera hora de la mañana o veinte minutos con internet?

Incorporar opciones como estas en tu vida te ayudarán a prepararte para el éxito en todos los demás hábitos que hemos explorado en este libro. Lo que, como dije, te ayudará a tener cada vez más días buenos que días malos.

Aun así, habrá días en los que Dios se sienta verdadero, real y cercano, y otros días en los que tengas ganas de rendirte.

Y en *ambas* clases de días, es muy importante que tengas en cuenta lo siguiente:

Tus sentimientos importan; son increíblemente importantes. En cambio, no son toda la verdad.

Verás, la cuestión es la siguiente: tus sentimientos acerca de Dios y tu experiencia de su cercanía estarán *por completo* bajo la influencia del Espíritu Santo de Dios mientras obra en tu vida para recordarte su amor, y para ayudarte a ser cada vez más como Jesús.

Sin embargo, tus sentimientos acerca de Dios, y tu experiencia de su cercanía, *también* estarán bajo la influencia de cuánto dormiste anoche, del tipo de día que tengas y de lo que desayunaste esta mañana.

Tus sentimientos importan, pero no son toda la verdad.

Tus sentimientos son las *respuestas* de tu mente y tu cuerpo a lo que está sucediendo en tu vida. A veces esos sentimientos coinciden con cómo son las cosas en realidad y otras veces no.

Tus sentimientos pueden cambiar de un día para otro, e incluso de un momento a otro.

Eso no significa que debas ignorarlos ni fingir que no están ahí. Tenemos que ser sinceros en cuanto a nuestros sentimientos, sentirlos en todo momento.

A pesar de todo, en cambio, lo importante es recordar que nuestra esperanza no está en lo que sentimos *por* Jesús. Nuestra esperanza está en Jesús mismo, en la promesa de Dios de que nunca abandonará a sus hijos y que está con nosotros dondequiera que vayamos, lo *sintamos* o no (Deuteronomio 31:6; Mateo 28:20; Hebreos 13:5).

Por muy cerca o lejos que se sienta a Dios en un día concreto, o en un momento determinado, su promesa para todos los que confían en Jesús es que «el que comenzó tan buena obra en ustedes la irá perfeccionando hasta el día de Cristo Jesús» (Filipenses 1:6).

En otras palabras, Jesús ya vivió la vida perfecta de amor que tú nunca podrías vivir.

Él ya entregó su vida en tu lugar para derribar toda barrera que se interponga entre tú y Dios, y para darte la bienvenida a casa, a la vida eterna con Él.

Él ya resucitó de entre los muertos, lo que demuestra que el poder de la muerte se derrotó de una vez por todas.

Él ya te dio su Espíritu, a fin de guiarte hacia la plenitud de vida para la que te creó.

¿De *verdad* crees que va a renunciar a ti ahora?

Así que, dicho todo esto, ¿qué debería hacer en las mañanas cuando me despierto antes de que suene mi despertador y salto de la cama lleno de alegría, los días en que siento que Jesús está cerca, es obvio y real, los días en que *no puedo esperar* para abrir mi Biblia y ver lo que Dios quiere enseñarme hoy?

Debería orar al Dios que *sé* que está ahí, agradeciéndole por su bondad para conmigo, diciéndole cómo me siento y pidiéndole su ayuda en cada situación.

Debería leer la Biblia con el corazón y la mente bien abiertos, a fin de descubrir lo que Dios puede estar esperando para enseñarme.

Debería hablar con mis amigos o familiares cristianos, y recordarles que seguir a Jesús vale la pena, incluso en los días en los que me parece que no vale la pena.

Debería salir al mundo y aprovechar al máximo cada oportunidad que Él me da para amarlo y amar a las personas que me rodean.

¿Y qué Debería hacer los días en que me duermo sin que suene el despertador, los días en que estoy exhausto y estresado, y siento que todo es una invención?

Debería orar al Dios del que solo estoy medio convencido de su existencia, agradeciéndole su bondad hacia mí, diciéndole cómo me siento y pidiéndole su ayuda en cada situación.

Debería leer la Biblia con el corazón y la mente bien abiertos para descubrir lo que Dios puede estar esperando para mostrarme, aunque ahora mismo me parezca muerta y aburrida.

Debería hablar con mis amigos o familiares cristianos, y dejar *que me recuerden* que todo vale la pena, incluso en los días en que no lo parezca.

Y debería salir al mundo y aprovechar al máximo cada oportunidad que Él me da para amarlo y amar a las personas que me rodean.

Debido a que mis sentimientos importan, pero no son toda la verdad.

Y lo que he descubierto al permanecer junto a Jesús en los días buenos y en los días malos (y en los meses buenos y en los meses malos) es que Jesús es fiel y verdadero, incluso en los días en que me cuesta creerlo.

Estoy muy lejos de ser un experto en estas cosas.

Sin embargo, poco a poco, a medida que practico seguir a Jesús, estoy aprendiendo (no solo como una idea, sino como mi propia experiencia de la vida real), que el camino de Jesús es en realidad la forma más verdadera, mejor y más vivificante de vivir.

Estoy aprendiendo a descansar en la promesa de Dios de que «ni la muerte ni la vida, ni los ángeles ni los demonios, ni lo presente ni lo por venir, ni los poderes, ni lo alto ni lo profundo, ni cosa alguna en toda la creación podrá apartarnos del amor que Dios nos ha manifestado en Cristo Jesús nuestro Señor» (Romanos 8:38-39).

Y cuando miro hacia atrás y veo los años que he pasado siguiendo a Jesús, me doy cuenta de que, en realidad, estoy experimentando esa transformación completa de oruga a mariposa de la que hablaba al principio de este libro.

No de una sola vez, como es obvio.

No de una manera grande y dramática.

En su lugar, poco a poco, a medida que vivo cada día con Jesús, puedo ver cómo me está cambiando, ayudándome a conocer la verdad de su amor y su poder en mi cabeza *y* en mi corazón.

Y si sigues confiando en Jesús, sé que Él hará lo mismo por ti.

Referencias

Como siempre, la razón por la que existe este libro no es porque yo sea una especie de brillante experto en la Biblia, sino porque estoy parado sobre los hombros de gigantes.

Cuando estaba empezando a trabajar en el primer capítulo, leí una gran entrevista con Timothy Keller en el *New York Times* (*How a Cancer Diagnosis Makes Jesus' Death and Resurrection Mean More* [Cómo un diagnóstico de cáncer hace que la muerte y resurrección de Jesús signifiquen más]), que me ayudó a aclarar mi pensamiento sobre la diferencia entre creer en el amor de Dios y sentir el amor de Dios.

Ya mencioné esto en el libro, pero quiero decir de nuevo lo agradecido que estoy por el lenguaje de Dallas Willard sobre ser un aprendiz de Jesús.

Este libro tiene una deuda enorme con la enseñanza de John Mark Comer sobre practicar el camino de Jesús. Él es quien dijo que la pregunta no es: «¿Cuánto tienes que hacer para que Dios te ame y te acepte?», sino «¿Cuánto espacio quieres abrir en tu vida para experimentar de primera mano el amor de Dios?».

Pete Greig, cofundador del movimiento de oración 24-7, escribió dos libros excelentes que me resultaron de gran ayuda mientras escribía este: *How to Pray: A Simple Guide for Normal People* [Cómo orar: Una guía sencilla para la gente normal] y *How to Hear God: A Simple Guide for Normal People* [Cómo escuchar a Dios: Una guía sencilla para la gente normal].

La idea de que «Jesús quiere la tarta entera» del capítulo 8 es algo que encontré por primera vez en un sermón que Jeff Manion predicó en la Ada Bible Church.

Otros libros que me han ayudado en mi propio camino para sentirme más cerca de Dios incluyen *Elimina la prisa de tu vida* de John Mark Comer, *Sacred Fire* [Fuego sagrado] de Ronald Rolheiser, *Beautiful Resistance* [Hermosa resistencia] de Jon Tyson y *The Deeply Formed Life* [La vida profundamente formada] de Rich Villodas.

Agradecimientos

Gracias a Rachel Jones por ser una editora tan perspicaz y paciente, a André Parker por su impresionante diseño, a Emma Randall por las fantásticas ilustraciones y portada, y a todo el equipo de TGBC por respaldar esta serie y ayudarla a que sea lo mejor posible.

Gracias a Micah Ford, Corlette Graham, Rosie Harris, Rowan McAuley, Charlie McQueen y Denin Spencer, quienes leyeron este libro primero.

Gracias al personal, los estudiantes y las familias de PLC Sydney. Es uno de los grandes privilegios de mi vida testificar de las buenas nuevas de Jesús con ustedes cada semana. Gracias en particular a mis clases de quinto año de 2022 por su apoyo y comentarios sobre este libro.

Gracias a mamá y papá por las incontables horas que han dedicado a hablar sobre mis grandes preguntas sobre Dios durante los últimos 30 años.

Gracias a Katie y Waz, Phil y Meredith, y Kerryn y Andrew, por su constante amor, apoyo, sabiduría y aliento.

Gracias a Hattie, Liam y Alec, por ayudarme a ver el amor de Dios con más claridad. Les deseo que crezcan llenos de grandes preguntas, y que sigan acudiendo a nuestro gran rey Jesús en busca de respuestas.

Gracias a Tom French por ser un brillante compañero de redacción y de pódcast.

Por último, pero no menos importante, gracias a mi familia de la iglesia presbiteriana de Abbotsford. En particular, un gran saludo a todo el equipo de YCentral; Dios permita que este libro les ayude a ver con aún más claridad el amor abundante que Él tiene por ustedes en Jesús.

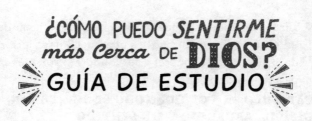

CAPÍTULO 1: SI DIOS ES REAL, ¿POR QUÉ NO SE SIENTE REAL?

▽ ¿Alguna vez has sentido lo mismo que la alumna de la página 11, que Dios es real, pero no siempre sientes que lo sea?

▽ ¿Cuál es la diferencia entre saber acerca de alguien y conocerlo en realidad? ¿Cuál de estas dos opciones describe mejor cómo nos acercamos a Dios?

▽ ¿Cuál fue el consejo que le dio la madre a Chris y cómo le resultó? ¿Cómo sería para ti realizar el mismo tipo de «experimento»?

CAPÍTULO 2: ¿QUÉ TENGO QUE HACER PARA ACERCARME A DIOS?

▽ En las páginas 20 y 21 leemos acerca de las consecuencias de decirle «no» al gobierno de Dios en nuestras vidas. ¿Qué pruebas puedes ver de esas consecuencias en tu vida, en la vida de los demás y en el mundo que te rodea?

▽ En tus propias palabras, ¿cómo describirías la manera en que Jesús ha hecho posible que lo conozcamos?

- ¿Estás de acuerdo en que ser un aprendiz (en lugar de un seguidor o un alumno) es una buena descripción de lo que significa conocer a Jesús ahora? ¿Por qué esa palabra es adecuada?

CAPÍTULO 3: ¿POR QUÉ TODO SE SIENTE TAN DIFÍCIL, ABURRIDO Y SIN SENTIDO?

- «Las cosas que la gente te dice que tienen el propósito de ayudarte a acercarte más a Dios (cosas como orar, leer la Biblia, ir a la iglesia) pueden parecer bastante aburridas la mayor parte del tiempo» (p. 28). ¿Cómo esta declaración refleja tu realidad?

- ¿Alguna vez has comenzado un nuevo pasatiempo, como correr o aprender a tocar un instrumento musical? ¿Cómo te sentiste al principio, a medida que adquirías los hábitos adecuados? ¿Eso cambió con el tiempo? ¿Cuándo comenzaste a ver los beneficios?

- «Todos sacamos tiempo para lo que más valoramos». ¿Para qué cosas sacas tiempo tú?

- ¿Qué cosas mantienen tu cerebro ocupado y distraído cuando intentas leer la Biblia?

CAPÍTULO 4: ¿CÓMO PUEDO EMPEZAR?

- ¿Qué describe Chris como «una de las promesas más alucinantes de la Biblia» (p. 36)? ¿Sientes que esta promesa es real para ti día a día? ¿Por qué podría ser así?

- ¿Qué les dijo Jesús a sus amigos que hicieran cuando estaban ocupados y abrumados (p. 37)? ¿Por qué sería útil?

¿Cómo puedo sentirme más cerca de Dios?

▼ ¿Las sugerencias de Chris en las páginas 40 y 41 te parecen algo que podrías intentar? Sí o no, ¿por qué? ¡Inténtalo ahora!

CAPÍTULO 5: ¿CÓMO (Y POR QUÉ) DEBO ORAR?

▼ ¿Puedes identificarte con las frustraciones de la página 43: que Dios a menudo no parece responder nuestras oraciones, al menos de la manera que nos gustaría? ¿Cuándo te has sentido así?

▼ ¿Qué diferencia marca acercarnos a Dios en oración como nuestro Padre?

▼ ¿Qué te sorprende de la oración de David del Salmo 22 en la página 46? ¿Alguna vez has orado así?

▼ «La práctica de la presencia de Dios» se explica en la página 52. Repasa tu día hasta ahora: ¿cuándo y dónde podrías haber orado de la manera que sugiere Chris?

CAPÍTULO 6: ¿CÓMO (Y POR QUÉ) DEBO LEER LA BIBLIA?

▼ ¿De qué maneras ha hablado Dios a los hombres a lo largo de la historia? ¿Cuál es la principal forma en que Dios nos habla ahora?

▼ Puede resultar abrumador tomar la Biblia y no saber por dónde empezar. ¿Cómo ayuda recordar que conocer a Dios es similar a entablar una amistad con alguien?

▼ ¿Por qué es tan útil reunirse con otras personas mientras tratamos de entender lo que dice la Biblia? ¿Tienes la oportunidad de hacerlo con regularidad?

CAPÍTULO 7: ¿CÓMO (Y POR QUÉ) DEBO HACER TODO ESTO CON OTRAS PERSONAS?

▽ Otras personas pueden ayudarnos mucho a seguir adelante como cristianos. ¿Alguna vez has animado a alguien a seguir adelante? ¿O alguien te ha animado a ti?

▽ Si estás en una iglesia o en un grupo de jóvenes, ¿puedes pensar en tres personas que tengan dones muy diferentes que utilicen para bendecir a los demás? Piensa en cuál podría ser tu don.

▽ En la página 72, la recomendación de Chris es «hazlo con todas tus fuerzas» en la iglesia. ¿Qué quiere decir? ¿Te parece realista en tu situación? Elige una forma en la que podrías intentarlo y «hazlo con todas tus fuerzas» este domingo.

CAPÍTULO 8: ¿CUÁNTO TIEMPO TENGO PARA DEDICARLE A TODO ESTO?

▽ Dibuja un gráfico circular como el de la página 74 y añade las categorías de tu vida.

▽ ¿Cómo te sientes al escuchar que Jesús quiere la tarta entera y no solo una porción? ¿Abrumado? ¿Inseguro? ¿Emocionado? ¿Algo más?

▽ ¿Estás de acuerdo con Chris en que ser un seguidor de Jesús significa «llegar a ser como Jesús», no solo agregar otra categoría para Jesús en nuestro gráfico circular? ¿Cómo sería eso en la práctica?

CAPÍTULO 9: ¿CÓMO ME DOY CUENTA DE LO QUE DIOS QUIERE QUE HAGA?

▽ ¿Qué idea sugiere Chris que tengamos presente cuando nos enfrentamos a situaciones difíciles (p. 80)?

▽ Si te encontraras en la misma situación que se describe en las p. 81-83, ¿qué harías?

▽ ¿Es eso lo que haría Jesús también? Intenta seguir un proceso similar con una decisión que estés afrontando o que afrontaras hace poco.

▽ ¿Cuáles son los tres «controles» que podemos realizar al tomar decisiones (p. 84-85)? ¿Conoces a personas que puedan apoyarte en este proceso, y quiénes son?

CAPÍTULO 10: ALGO MÁS GRANDE QUE NUESTROS SENTIMIENTOS

▽ ¿Puedes ver cómo tus hábitos (como el sueño, la rutina matutina, la tecnología) pueden tener un gran impacto en tu día y en si te sientes cerca de Dios o no?

▽ El mundo a veces nos dice que confiemos en nuestros sentimientos y los sigamos. ¿Por qué esto no siempre es útil cuando vivimos como seguidores de Jesús?

▽ En nuestros «días malos», cuando Dios parece estar lejos, ¿qué debemos hacer?

▽ En las páginas 95-96, Chris habla de la transformación de «oruga a mariposa» que Jesús ha obrado en su vida. ¿Has visto alguna de estas transformaciones de oruga a mariposa en tu propia vida o en la de alguien que conoces?

NO DEJES DE HACERTE GRANDES PREGUNTAS

Grandes preguntas es una serie de libros divertidos y de ritmo rápido que te guiarán a través de lo que dice la Biblia sobre algunas de las grandes preguntas de la vida, ayudándote a crecer en una fe segura y prudente.